考拉旅行　乐游全球

重磅旅游图书
《四川攻略》新装升级
一如既往带您畅游四川

四川攻略

旅游行家亲历亲拍！
超美四川热地大赏！

GUIDE

2020-2021

全彩超值版

《四川攻略》编辑部 编著

四川攻略

邓小平故里
DENGXIAOPING'S HOMETOWN
鄧小平の故鄉

A SICHUAN HOW 速度看四川！

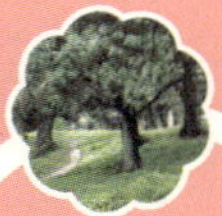

1 概况

四川古称巴蜀，这片瑰丽险峻、山清水秀的大地不仅孕育了灿烂悠久的巴蜀文化，还以其独特的民俗风情和山水风光闻名于世。这里有数不尽的风景名胜，看不完的民族风情，听不够的康定情歌，尝不尽的特产风味……素有 “天下山水之观在蜀”之说，享有“天府之国”的美誉。

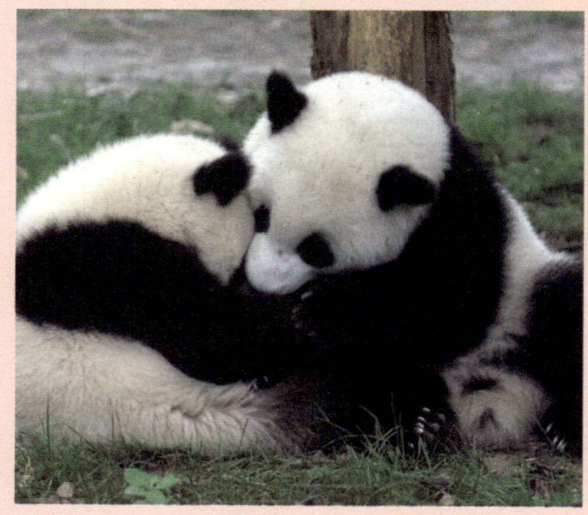

2 地理

地跨青藏高原、横断山脉、云贵高原、秦巴山地、四川盆地几大地貌单元的四川省，位于中国西南腹地，全省地势西高东低，由西北向东南倾斜，全省总面积约

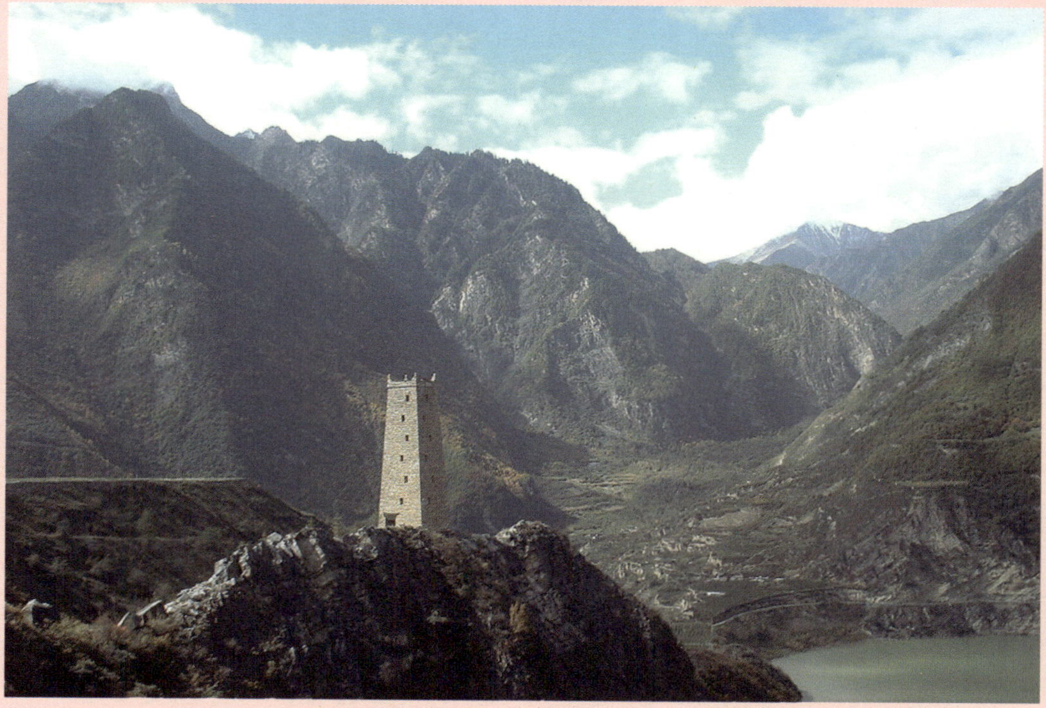

48.6万平方公里，其中最高点是西部海拔7556米的大雪山主峰贡嘎山。

3 气候

四川属于季风气候区，冬季在大陆干冷气团的控制下，空气干燥，降水稀少。全省受复杂地形和季风环流的交替影响，气候复杂多样，其中东部盆地属亚热带湿润气候，四季分明、雨量充沛；川西南地区属亚热带半湿润气候，干湿季分明，降水较少；川西北地区属高原高寒气候，全年日照充足。

4 区划

四川省下辖成都市一个副省级市，自贡市、攀枝花市、泸州市、德阳市、绵阳市、广元市、遂宁市、内江市、乐山市、南充市、宜宾市、眉山市、广安市、达州市、雅安市、巴中市、资阳市共17个地级市，以及阿坝藏族羌族自治州、甘孜藏族自治州、凉山彝族自治州三个少数民族自治州。

5 人口

四川省人口为8302万人，其中，少数民族人口为490.8万人。

1 航空

四川的航空线路很多，成都、泸州、宜宾、达州、西昌、南充、攀枝花、广元、九黄、绵阳、康定等城市都建有机场，其中成都双流国际机场已成为中国四大航空港之一。从北京、上海、广州、武汉、西安、沈阳等国内各大城市以及宜宾、西昌、达州、泸州等省内城市均可乘飞机直达成都。

2 火车

四川铁路发达，有宝成、成渝、成昆、内昆、达成5条铁路干线和三万、小梨、资威、成汶、德天、广岳、攀枝花、广旺、宜珙9条铁路支线，从全国各主要省会城

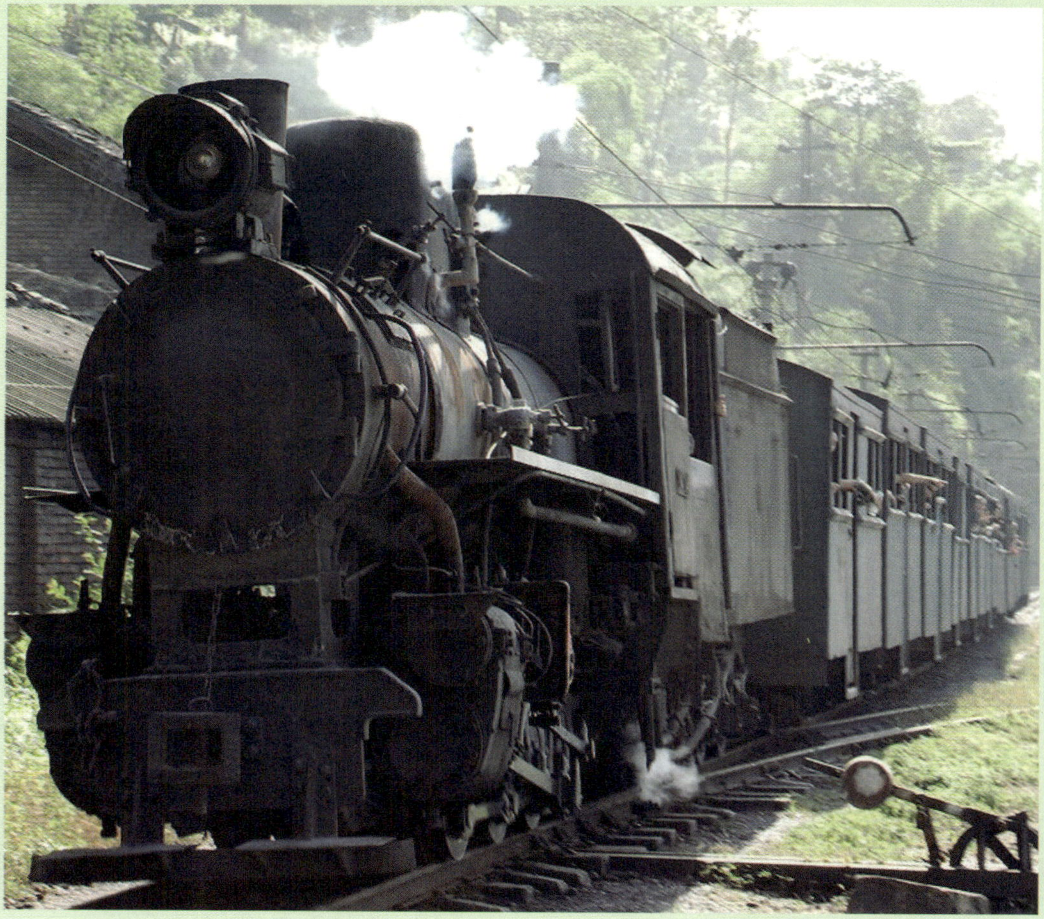

市均可乘火车到达成都。

3 地铁

成都地铁于2005年12月正式开工建设，地铁1号线于2010年9月27日建成通车，是中国西部第一座拥有地铁的城市。成都地铁的标志由“疾驰的列车、弯曲的隧道、飞扬的蜀锦、连绵的蜀山、柔美的蜀水”等意象演变而来，其宣传口号为：“成都地铁，生活一脉。”

成都地铁所有车站和列车都装有空调，运营时间为6:30至22:00。地铁票价为2元起价，全程最高票价4元，使用成都公交卡乘坐地铁可享受9折优惠。此外，从2011年1月6日开始，在部分地铁车站的红旗、舞东风超市可购买地铁1号线计次卡和生肖纪念卡两种地铁乘车卡。其中计次卡售价90元，卡内含10元押金，可乘坐40次地铁，用完后可反复充值。生肖纪念卡售价98元，其中含50元车费，票价与单程票相同，但在卡内车费不足2元时，可享受全程乘车的尾程优惠。

1 武侯祠

成都武侯祠是我国唯一一座君臣合祭的祠庙，包括刘备、诸葛亮蜀汉君臣的祠宇及刘备惠陵。整座武侯祠坐北朝南，大门、昭烈庙、过厅、武侯殿等位于中轴线上，在武侯殿后还有三义庙、结义楼等建筑。在祠内除了供奉诸葛亮和刘备塑像的大殿外，还有一块唐代的三绝碑。碑文对诸葛亮的一生作了高度评价，因为碑文的书写、雕刻和起草均出自当时的名家，所以被誉为“三绝”。

2 都江堰

都江堰是我国古代著名的水利工程，由秦国蜀郡太守李冰和他的儿子在汲取前人治水经验的基础上，率领当地人民设计建成的，是全世界迄今为止年代最久、唯一留存、以无坝引水为特征的宏大水利工程。都江堰主要由鱼嘴、飞沙堰和宝瓶口三部分组成，通过控制和引导水流防止洪涝灾害的发生，创造了一种崭新的与自然和谐共生的水利模式。

3 黄龙

黄龙景区内的景观众多，既有壮丽的高山峡谷，也有苍茫的林海，还有“风吹草低见牛羊”的草原风光。这里最具魅力的地方是那些独特的钙华景观，它们色彩绚丽、构造巧妙，钙华塌陷坑、钙华瀑布、钙华洞穴、钙华台等奇景应有尽有。

4 九寨沟

九寨沟是世界著名的风景名胜，并被作为自然遗产列入联合国的《世界遗产名录》。这是一个梦幻般的神奇世界，拥有大量的第四纪古冰川的遗迹景点，那100多个大小不一、色彩各异的湖泊，令人不得不感叹造物主的神奇。

5 宜宾大观楼

宜宾大观楼是一座气势雄伟的城楼，它高28米，长31.6米，宽20.4米，门洞的上方是三层木质阁楼，飞檐翘角的景观极为精美。游人们站在大观楼上可以遥望远处的山河风光，还能纵览宜宾的繁华景象。

6 成都大熊猫繁育研究基地

成都大熊猫繁育研究基地位于成都北郊斧头山，是一座具有世界先进水平的大熊猫异地保护和研究繁殖的基地。这里从最初的只有6只野生大熊猫，发展到今天已经饲养了100多只大熊猫。为了给大熊猫提供良好的生活环境，这里致力于植树绿化，景色十分秀美。除了大熊猫保护区外，这里还开辟了以介绍大熊猫的生态和宣传保护大熊猫为中心的大熊猫博物馆，通过细致翔实的资料将大熊猫的方方面面都展示了出来，并号召人们为了保护这种珍稀动物尽一份力。

7 三星堆

三星堆是我国迄今为止发现最早的文化遗址之一，它记录了四川地区从新石器时代晚期到商朝初期的发展历程。这里出土了许多珍贵的文物，古老的城墙则是文明出现的象征，那些精美的青铜器是这里最具魅力的器物。

8 峨眉山

峨眉山的山势高大挺拔，景色秀丽，有“秀甲天下”之美誉。它还是我国的佛教四大名山之一，古刹众多，被联合国教科文组织评为“世界文化与自然双重遗产”，列入《世界遗产名录》。山上还有以“日出”“云海”“佛光”和“圣灯”为代表的壮丽景观。

9 阆中张飞庙

阆中张飞庙建于三国时期，迄今已有1700多年的历史。大殿里供奉着张飞的塑像，表情不怒自威，让人心生崇敬之情。庙里还有历代文人墨客留下的碑刻匾联等。

10 乐山大佛

乐山大佛是我国最大的摩崖石刻造像，通高71米，建造在岷江、青衣江、大渡河交汇处的岩壁上，气势极为雄伟。大佛的相貌庄严，人物造型极为精美，附近还有大小不一的精美石刻，其中以两座武士像最具魅力。

1 天府广场

始建于公元1371年的天府广场位于成都市中心，是成都最热闹的地方之一，曾经是明代蜀王府的所在地。现在的天府广场四周有皇城清真寺、四川美术馆、锦城艺术宫、人民商场、天座商城等观光景点，无论是成都本地人还是外来客，都喜爱去天府广场游览和购物。

2 锦里

有“西蜀第一街”之称的锦里古称“锦官城”，最早是三国时蜀汉工匠集中生产织锦的场所，近两千年来一直是文人骚客写诗颂扬的胜景，“晓看红湿处，花重锦官城”“丞相祠堂何处寻？锦官城外柏森森”等名句至今仍被人传诵。锦里也是成都最古老、最具有商业气息的地区，浓缩了成都传统生活的各种要素，展现了四川民间风俗和古老三国文化的独特魅力，被誉为成都版的“清明上河图”。

3 府南河

府南河又叫锦江，是成都的母亲河，也是流经成都的府河和南河在市区的合江亭汇为一条的合称，早在唐朝时就已经是惠及全城的重要河流。府南河流经成都许多老城区，现在经过清理整治后，两侧建有许多街心公园、绿化带以及一些雕塑，是一条美丽的旅游观光带。

4 成都人民公园

成都人民公园始建于1911年，原名为少城公园，因其地处旧少城而得名，是成都历史上第一个公园。现在的人民公园是一个占地约11.3万平方米的大型城市公园，公园内有梅园、海棠园、兰草园、盆景园、鹤鸣茶社、少城苑、辛亥保路纪念广场、人工湖等许多景点，是成都人休闲娱乐、游玩散心的好去处。

5 宽巷子窄巷子

宽巷子窄巷子历史文化区是由宽巷子、窄巷子、井巷子三条平行的老街和院落组成的文化保护区，历史十分悠久。它曾是清朝康熙年间修建的八旗兵屯所——少城的遗址，现在经过数百年的历史变迁，只剩下一宽一窄两条巷子，故而得名。现在这两条巷子已经被改造成一片既保留了成都老建筑，又开展了现代商业的复合型旅游休闲商业街，集老成都的历史文化和新成都的活力于一身。

6 玉林小区

玉林小区是成都展示其现代化的一个窗口，这里集中了成都最富有个性和时代感的时装店、饭店、酒馆、咖啡屋等。各种土洋结合的风情都会聚在这片区域，无论是崇尚现代时尚还是喜欢传统怀旧的人，都能在这里找到属于自己的小天地，可以说是成都夜生活的代表。

7 合江门

合江门是金沙江、岷江、长江这三条江的交汇处，三条江的水流形态各不相同，令人惊叹不已。金沙江的江水波涛汹涌，水流湍急；岷江水流平缓，给人以安宁的感觉；长江则以磅礴的气势向东奔流而去。

8 亚丁自然保护区

亚丁自然保护区内景点众多，既有终年云雾缭绕的高大雪山，也有一望无际的茫茫林海，独特的冰蚀景观则是这里最具魅力的景物。漫步在景区内还能看到一条条因季节变换而改变颜色的奇妙河流。

9 泸定桥

泸定桥建于清朝康熙年间，是著名的红色旅游景点。其横跨汹涌澎湃的大渡河，由13根铁锁连接着两岸，是我国最大的铁锁桥。游客来到这里可以前往桥头的泸定桥革命文物博物馆参观，了解那场惊天动地的战斗全过程。

10 贡嘎山

贡嘎山是一座高大挺拔的山峰，主峰高达7556米，终年积雪，山上还有壮丽的冰川景观。这里保持着完整的原始生态环境，在古朴的藏羌村寨里还能够感受到少数民族的独特风情。

① 玉林串串香

串串香是将火锅食材用竹签穿起，然后放进火锅中烫熟后食用的一种传统特色火锅。位于玉林小区的玉林串串香，是成都相当著名的一家串串香连锁店。这里的串串香食材十分丰富，除了常见的牛羊肉和家禽外，还有各种蔬菜、河鲜、海鲜，等等。串串香都是吃完后几十上百根竹签放在一起按其数量算钱，颇具特色。

② 钟水饺

钟水饺是成都大名鼎鼎的小吃，钟水饺用的饺子皮儿是自制的，红油是用成都有名的二荆条红辣椒面加菜油炼制而成。一小碗红油水饺除了加红油，还用特制的酱油、芝麻油、蒜泥汁、盐、味精等多种调料精心调配而成。其种类除了传统的红油水饺和清汤水饺外，还有三鲜水饺、海味水饺、蒸饺等40多个品种。

3 韩包子

由温江人韩玉隆在1914年创立的韩包子已有上百年的历史，这里的包子皮薄色白、花纹清晰、馅心细嫩、松软化渣、鲜香可口，有叉烧、芽菜、火腿、鲜肉、三鲜、香菇、口蘑、附油等8种不同口味，美味可口，有“北有狗不理，南有韩包子”之称。

4 龙抄手

抄手是成都人对馄饨的一种特殊叫法，龙抄手是成都有名的小吃店，除了经典的龙抄手系列，也提供各种成都小吃套餐。

5 成都担担面

担担面据说是1841年一个名叫陈包包的自贡小贩发明的，这种用面条舀上特制猪肉末制成的担担面咸鲜微辣，是最受成都人欢迎的街头小吃之一。位于武侯祠对面的成都担担面经常有一拨又一拨的游人到此品尝香辣可口的担担面。

6 痣胡子龙眼包子

廖永通师傅结合江浙汤包和川味包子的特点，于1947年创立的痣胡子龙眼包子以小巧玲珑、皮薄馅饱、鲜香可口而闻名，是和韩包子齐名的川味包子代表。痣胡子龙眼包子店除了售卖龙眼包子、叉烧包子、金钩包子、素菜包子外，还售有鸡汤抄手、圆盅仔鸡、翡翠烧卖及各种川味菜点。

7 夫妻肺片

地道的夫妻肺片选用牛心、牛肚、牛舌、牛筋、牛头皮等所谓的下脚料进行卤制，而后切片，再用红油辣椒、花椒粉、卤水、花生末、芝麻末及芹菜末等精心调制好的料汁浇在上面，是成都著名的小吃。在天府广场的夫妻肺片小店除了夫妻肺片外，还可以品尝别的四川小吃和家常菜。

四川推荐

8 红星兔丁

距离大慈寺不远的红星兔丁是成都老字号的小吃店，这里的兔丁麻辣爽口，除了凉拌兔丁外，兔头和凉拌肺片也颇受欢迎，可感受十足的辣味。

9 白家肥肠粉

白家肥肠粉以优质的红薯、马铃薯为原料，加上洗净煮熟的肥肠，再配上黄豆和香菜，味道鲜香醇厚，是一道百年不衰、独特的著名风味小吃。值得一提的是，青石桥总店的白家肥肠粉店卖的军屯锅魁味道香麻，口感酥脆，搭配肥肠粉吃下去很是美味。

10 张凉粉

张凉粉的原料是黄白两种豌豆粉，有酸辣和豆豉两种口味。其中酸辣味凉粉加入了由辣椒、花椒、生姜、葱叶、冰糖等制作而成的红油，以及精选大蒜捣制的蒜泥，并添加香醋，色香味俱全，红辣味纯，鲜香爽口；豆豉凉粉使用豆豉泥作调料，红油照旧，不加醋，味道同样鲜香爽口。

① 春熙路

被誉为西南第一街的春熙路位于成都市中心，沿街有众多著名的成都小吃和繁华的商场。夜晚，霓虹灯勾勒出的夜景让春熙路显得更加时尚现代。到成都来如果不逛逛春熙路，就好比到北京不去王府井、到上海不到南京路一样令人遗憾。

② 锦华馆

锦华馆是一条100余米长的特色休闲街，街上的建筑融合了中西建筑风格，比起繁华的春熙路来多了几分安宁和平静。沿街商铺大多是经营各种时尚服饰的服装店和精致典雅的咖啡厅以及餐馆，深受成都的年轻人和时尚一族的欢迎。

3 总府路

横贯成都市中心的总府路与春熙路毗邻，是成都最负盛名的商业中心。繁华热闹的总府路上，红旗、太平洋、王府井百货等大商场一家挨着一家，是购物逛街的绝佳去处。

4 盐市口

盐市口地处成都市中心，是一处人气颇高的商业中心。这里的商场以大众化为特色，几乎每个月都会有不同主题的打折促销，因而总是人气十足。

5 骡马市

有别于春熙路的时尚与盐市口大众化特色的骡马市是一个白领商圈，这里的商场和沿街小店多以成都的年轻白领为主要客户群，是成都著名的新兴商业圈。

6 荷花池

荷花池是中国西南地区规模最大的一处商品集散地，荷花池货物齐全，可以买到各种物美价廉的服装饰品和鞋类，是一处适合假日购物淘宝的好去处。但要注意，这里摊贩众多，难免鱼龙混杂。

7 磨子桥

磨子桥是成都乃至整个四川省内规模最大的IT和数码产品集散地，素有“北京有个中关村，成都有座磨子桥”的说法。这里有时代数码广场、成都电脑城、新世纪电脑城、百脑汇电脑城、世界电脑城以及东华电脑城等大型数码市场，是购买IT电子类产品的好去处。

8 送仙桥

送仙桥是成都最著名的古玩市场，这里有大量的古旧家具店和古玩店，不只店内的商品，就连这些店铺本身都是古色古香。每天傍晚，送仙桥市场前靠河岸处还有一大片活动摊点，游人可在这里感受一下在古玩市场淘宝的乐趣。

9 芳草街

酒吧、茶楼、饭店、精品店云集的芳草街是成都一处享受轻松浪漫的小资情调的地方。沿街一些出售独特的手工艺品和创意商品的个性小店鳞次栉比，服装店中各种中式、西式、日式、韩式的精品服装琳琅满目，深受人们欢迎。

10 太升南路

太升南路是成都著名的手机一条街，在太升南路可以买到引领时尚潮流的iPhone、Vivo、小米、华为、魅族等最热门的智能手机。此外，各种配件和存储卡也可以在这里找到。值得一提的是，太升南路还有专门的二手市场，但那里的手机鱼龙混杂，喜欢淘宝的人需要多加注意。

1 蜀锦蜀绣

作为中国四大名锦之一的蜀锦是天下闻名的手工艺品，成都的蜀锦更是其中的佼佼者。这种纺织品的颜色淡雅秀丽，图案上花纹纷繁多样，质地细腻，拥有很好的手感。蜀绣的底料色彩淡雅，所绣的花纹图案也都是以生活中的常见物品为主，形象生动，造型逼真。作为工艺品的蜀绣有着光亮平整的形态，图案生动写意、浑厚圆润，把各种绣物原型的特点淋漓尽致地展现了出来。

2 皮影

皮影戏是我国著名的民间表演艺术，成都的皮影戏是其中的佼佼者。成都皮影戏的独特之处在于，它所使用的道具比通常人们所见的大出一倍有余，因而更能形象生动地做出各种形体表演。现在成都还有专门出售皮影道具的地方，这些皮影道具最大的有七八十厘米之高，游客可以购买下来，并在专家的指导下学习简单的操作，自娱自乐。

3 白酒

四川是我国的白酒大省，这里会聚了享誉海内外的诸多品牌，是馈赠亲友的上佳选择。这里的白酒既有自唐代开始酿造的剑南春，也有跟茅台齐名的五粮液，郎酒、沱牌、全兴也都是各有特色的名酒。成都的名酒会聚各种香型，浓香、酱香等口感不同的白酒，让人沉醉其中。

4 郫县豆瓣

郫县豆瓣是川菜中一道著名的小吃兼调味品，被誉为“蜀中三瓣”之一。这种食品的最大特色在于它的独特味道，香味浓郁，麻辣适中，回味醇厚悠长，入口之后令人赞不绝口。郫县豆瓣可以作为餐桌上的辅菜和调味料，也能供人直接品尝。

5 天府花生

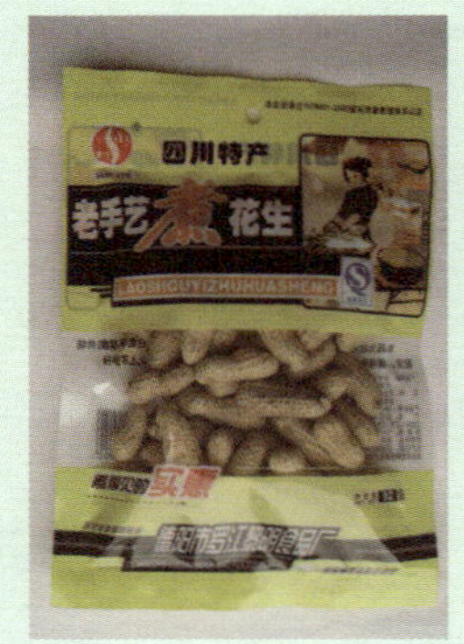

四川盆地自古以来就是著名的花生产地，这里出产的花生颗粒饱满，香中带脆，质量极好，不愧是四川这片天府之国给人们的最好礼物，所以这些花生自然也就被称作天府花生了。四川人嗜食花生也是很有名的，平常有事没事就会端上一小盘花生，一边再喝几两小酒，人生的乐趣就融进了这看似平常的生活之中。如果有机会到四川旅游，一定别忘了买上一些天府花生，说不定它就能给你的日常生活带来好滋味。

6 豆腐乳

成都豆腐乳是一道口感甚佳的民间小吃，也是川菜中的名品。其独特之处在于它的麻辣之味，细细品尝时还可以感受到它细嫩化渣、清香回甜，是居家旅游、馈赠亲友的佳品。

7 火锅调料

火锅是川菜中最具代表性的菜肴，味道独特的火锅调料就是火锅经久不衰的秘诀之一。该调料是吃火锅的必需品，不同种类的调料有着不同的味道，想制作火锅的食客可以根据自己的需要来选购。

8 张飞牛肉

张飞牛肉是四川阆中市的特产，阆中是三国时期蜀国名将张飞驻扎的地方，这里的牛肉外黑内红，和张飞的形象十分符合，因此张飞牛肉的名字就传扬开来。经过数百年的传承发展，如今的张飞牛肉在外观上已经和原来有了很大区别，但是味道却更好吃。现在不仅是在阆中，就连成都等大城市，也随处都能看到张飞牛肉的招牌，许多游客只要一闻到牛肉的香气就会不由自主地买上一点。

9 茶叶

四川名茶众多，成都则会聚了全蜀各地的上等佳茗，是游客们选购各种茶叶的好地方。品质上乘的“蒲江雀舌”因其香醇的味道扬名天下，其他如道家春竹、峨眉山毛峰、青城山秀芽，花茶中的蜀涛飞雪、花毛峰、花芽、碧潭飘雪等，都是四川的上等名茶。

10 四川泡菜

四川泡菜是四川传统的民间特产，四川人将日常常见的蔬菜使用特别的方法腌渍，放在泡菜坛中储藏，时间一长就会做成色泽鲜亮、气味和口味都十分独特的四川泡菜了。这种泡菜一年四季都能制作，口味酸咸，老幼适宜，是四川人生活中不可缺少的小菜。平时所能见到的四川泡菜主要分佐餐菜和调料菜两种，而且主料多种多样，可以说每家人制作每家的泡菜，所以四川泡菜各不相同、口味多变，这一点也正是它能经久不衰的原因之一。

清晨 到达成都

DAY 1

白天 成都

成都是我国的历史文化名城，它坐落在四川盆地西部，自古以来就是我国中西部最重要的城市。这里物华天宝，人杰地灵，素有“天府之国”的美誉，不仅自然风光优美，历史底蕴也极为深厚，拥有无数自然和历史文化遗产。其中都江堰、武侯祠、杜甫草堂、金沙遗址等都是极为热门的

旅游景点。此外，成都也是知名的美食之都，在这里各种小吃数不胜数，辛辣爽口的川菜也是人们难以拒绝的美味。因此，每个人在这里都能体验到衣、食、住、行各个方面带来的乐趣。

夜晚 玉林小区

玉林小区拥有成都最具特色的商店、酒吧、咖啡馆、小吃店等。一到晚上这里更是灯火通明、流光溢彩，各种小吃店散发着诱人的香味，就算深夜也依然有不少人在这里流连，好似一座不夜城。

DAY 2

白天 都江堰—青城山

都江堰是我国最伟大的水利工程之一，建于秦代的它至今依然发挥着十分重要的作用。建造者李冰最大限度地利用当地的自然环境，在几乎没有任何人造设施的情况下，完成了这一震古烁今的伟大工程，堪称人类治水历史上的奇迹。

青城山是我国道教的发源地之一，这里自然风光优美，素有“青城天下幽”的赞誉。这里众多的道观也是其最大的看点之一，这些道观取材于大自然，不加以过多的修饰，显得古朴而典雅，尤其是上清宫、建福宫等更是游人们参观的首选。

夜晚 锦里好吃街

锦里好吃街汇集了成都小吃的精华，每到夜晚这里每家店都灯火通明，那些初来成都的游客很容易就挑花了眼，那么多种小吃，不知道先吃哪种为好。

白天 成都大熊猫繁育研究基地—广汉三星堆

成都大熊猫繁育研究基地是我国最大的大熊猫基地之一，这里自然环境优美，饲养着超过70只大熊猫，并对它们进行保护、饲育、研究活

动。在这里可以和可爱的大熊猫亲密接触，深入了解这一被称为"活化石"的古老动物。

三星堆是我国迄今为止发现的西南地区范围最大、延续时间最长的文明遗迹，其时间可以追溯到3000~5000年前，这里出土了大量青铜器、玉器、金银器等珍贵的文物。可以说这里就是长江文明的起源，是我国最伟大的考古发现之一。

DAY 4

白天 乐山大佛—峨眉山

乐山大佛是世界上最大的石刻佛像，这座弥勒佛坐像背靠大山，面带微笑，神情祥和，栩栩如生。它高71米，仅一个脚面就可以容纳百十人

站立，站在大佛身上可以远眺岷江、大渡河、青衣江三江汇流的胜景。

峨眉山是我国四大佛教名山之一，素有“峨眉天下秀”的赞誉。人们在这里可以看到“云海、日出、佛光、圣灯”峨眉四绝，不仅能感受寺庙神圣的气息，还能和山间调皮的猴子做亲密接触。

DAY 5

白天 自贡—宜宾—泸州

自贡是我国著名的恐龙之乡、盐都和灯都，这里的恐龙化石、井盐和彩灯被并称为自贡三绝。

自贡的恐龙博物馆、恐龙化石发掘遗迹以及古代制盐用的盐井和彩灯博物馆等都是很吸引游人的景点，而西秦会馆、荣县大佛等也都是自贡悠久历史的体现。

宜宾可以称得上是万里长江第一城，金沙江和岷江在这里汇合，成为我们所熟知的长江，一直奔流入海。同时宜宾也有“酒都”之称，著名的五粮液就产自这里，酒香悠远，让人回味无穷。此外，这里还有李庄古镇和蜀南竹海等展示自然风光与传统古风的好去处。

提到泸州，人们肯定先想到泸州老窖和郎酒。确实，泸州是著名的白酒产地，其中拥有数百年历史的泸州老窖窖池是最吸引人的地方。当然这里也不是只有酒文化，泸州历史悠久，人文荟萃，拥有很多历史遗迹，其中红军四渡赤水的渡口就是重要的红色遗迹之一。

DAY 6

白天 九寨沟

如果要对我国最著名的自然旅游景点排名，九寨沟一定是名列前茅。因为这里分布着九个藏族村寨，所以才称为九寨沟。这里有着无与伦比的自然美景，青山绿水、红花树木组合成为一幅幅美丽的画卷。它们深藏在大山之中，从未被人类活动所破坏，每一处山水都带着自然的气息。尤其是九寨沟的水最为出名，其水质清澈洁净，能将周围的景物全都收入在内，好像一幅幅浑然天成的油画一般。只有身处九寨沟，才能感受到这大自然赐予我们的最好礼物。

DAY 7

白天 黄龙—松潘古城

黄龙是一处不亚于九寨沟的自然风景区，素以“彩池、雪山、峡谷、森林”四绝著称于世，尤其是著名的钙华坡谷，宛如一条巨龙遨游其中。可以说这里动中有静，雄奇中带着柔美，难怪被人们称为“人间瑶池”。

松潘是四川著名的历史古城，曾是重要的边防要塞，直到今天这里还完好保留着古时候的城墙和防卫设施。

DAY 8

白天 四姑娘山—卧龙自然保护区—5·12汶川地震震中遗址

四姑娘山位于阿坝藏族羌族自治州，由四座平均海拔在5500米以上的山峰组成，远远望去，四姑娘山好像四个头披白纱的少女一般，婀娜多姿。

卧龙自然保护区位于四姑娘山的东坡，是我国最大的大熊猫保护区，圈养着200多只大熊猫。

2008年5月12日大地震的震中就位于汶川县映秀镇南面，这里至今还保留着地震发生时的样子，原有地形被彻底改变，人造建筑尽数被摧毁，大自然的恐怖力量尽显无遗。

DAY 9

白天 绵阳—广元

绵阳是四川仅次于成都的大城市，素有“西部硅谷”的美称。同时这里也是一座地灵人杰的城市，诗仙李白就在这里度过了他的童年时光，而杜甫更是在这里寄居许久，留下不少脍炙人口的杰作。

广元是一代女皇武则天的故乡，这里群山耸峙，云台山、牛头山、鼓城山、金子山、五子山等都有着无可比拟的美丽风光。同时这里还是古剑阁的所在，有阴平古道、剑门古道等在历史上赫赫有名的古代战场。

夜晚

起程踏上归途。

四川
攻略HOW

Part.1 成都·天府广场

位于成都心脏位置的天府广场是成都的标志景点之一，周围林立着成都最著名的艺术中心、最繁华的商场，以及品类最齐全和学术气息最浓郁的书店等，游人在逛街观光之余还可以在天府广场小憩片刻。

成都天府广场 特别看点

第1名！天府广场！

100分！

★ 成都的标志景点，感受成都的城市脉搏！

第2名！锦城艺术宫！

90分！

★ 西南地区最大的艺术殿堂，宏伟的现代化大型文化中心！

第3名！骡马市！

75分！

★ 适合白领购物的商业街，体验都市年轻人的休闲生活！

01 夫妻肺片红照壁店

地道的成都小吃 ★★★★★

夫妻肺片是成都很知名的一道小吃，地道的夫妻肺片其实是选用牛心、牛肚、牛舌、牛筋、牛头皮等作为下脚料，用精制卤水卤好切片后，把用红油辣椒、花椒粉、卤水、花生末、芝麻末及芹菜末等精心调制好的料汁淋在上面，再凉拌而成的。位于红照壁的这家分店不仅可以品尝夫妻肺片，还能吃到其他四川小吃和家常菜，适合来天府广场一带观光的游人品尝。

Tips

四川省成都市锦江区红照壁街27号 乘地铁1号线在天府广场站出站；或乘45、61路公共汽车在红照壁站下 028-86137991

02 天府广场 100分!

成都的标志景点

天府广场是成都的标志景点之一，广场东西两侧的太极鱼眼雕塑是这里最主要的景观，其与居于正中的太阳神鸟相互协调，夜晚圆形的太阳神鸟雕塑还将散发出七彩光芒，成为广场夜景的一个中心。广场南边有乌木雕刻而成的《天府广场记》和《成都赋》两块立牌。广场的北端是两个融声光电为一体的音乐喷泉水池，伴随着喷泉水景的是专门为成都谱写的《水润天府》《太阳神鸟》《锦江春》《蜀道难》《九天开出一成都》《天府放歌》《天府泡菜》以及《天府颂》等乐曲。除了大面积的绿化、水景和集散区外，天府广场还专门设置了休闲区。在天府广场东侧的休闲区，有大量的圆形坐椅供游客休息。

Tips

四川省成都市青羊区天府广场 乘地铁1号线在天府广场站出站；或乘28、58、61路公共汽车在天府广场站下

03 锦城艺术宫

90分!

艺术殿堂

四川省成都市锦江区人民东路61号　乘地铁1号线在天府广场站出站；或乘28、58、61路公共汽车在天府广场站下

毗邻天府广场和蜀都大道的锦城艺术宫是一座现代化的大型文化中心，其花岗石墙壁和茶色玻璃幕墙的外观气势恢弘，内部宽敞的休息大厅悬挂着14盏水晶大吊灯。艺术宫拥有配备世界顶级音响装置和灯光系统的舞台，可满足各类艺术演出的需要，中国京剧团、东方歌舞团、中国芭蕾舞团、北京人民艺术剧院等国内知名的艺术团体都曾经在锦城艺术宫登台演出，被誉为西南地区最有名的一处艺术殿堂。

04 天府书城

选购社科类图书

四川省成都市武侯区人民南路一段86号

乘地铁1号线在天府广场站出站；或乘43、47路公共汽车在东御街站下

位于天府广场的天府书城，曾经是成都规模最大的新华书店，现今的天府书城则是一家主打社科类图书的大型书城。整个书城内以历史、法律、经济、旅游、哲学宗教、社会科学、政治军事、人文艺术等八大种类的图书为主，拥有各种图书和音像制品超过7万种，是成都人的一大购书宝地。

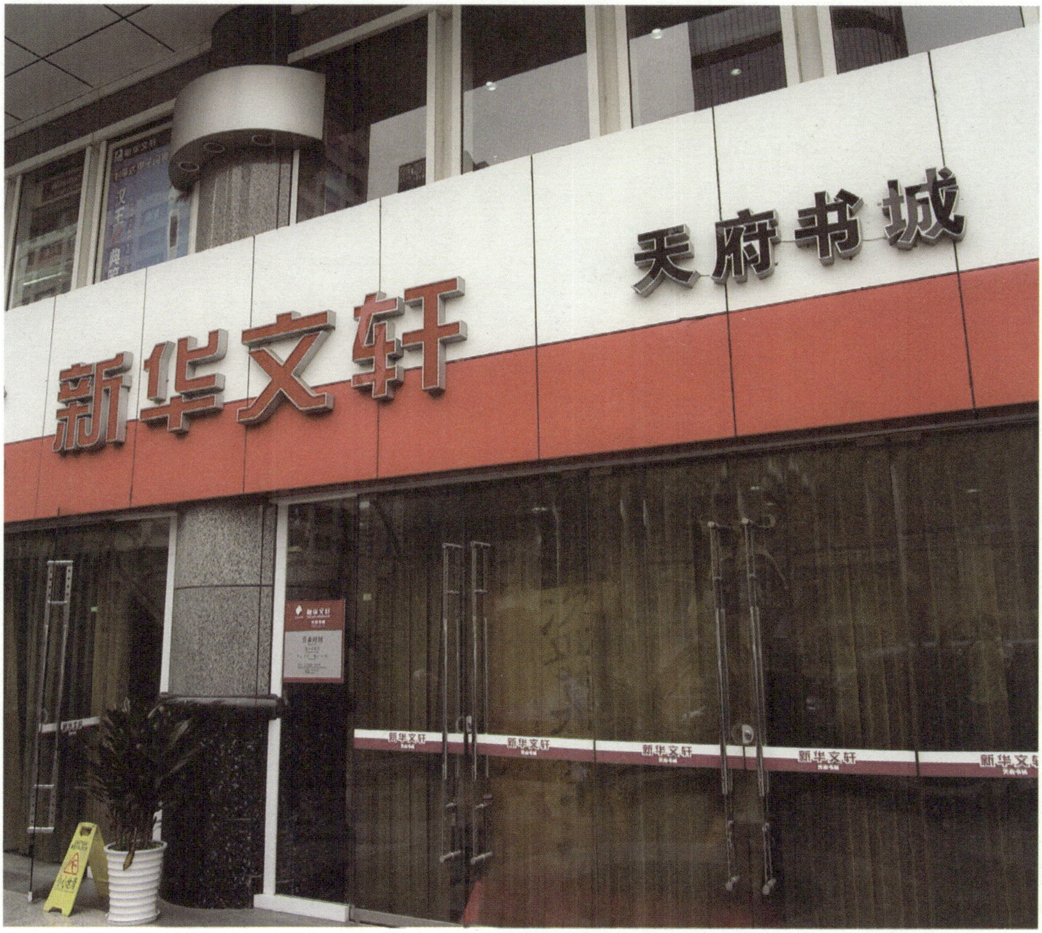

05 人民南路

成都的主干道

★★★★

Tips

乘地铁1号线在天府广场站出站；或乘45、61路公共汽车在红照壁站下

起于成都市中心天府广场的毛主席塑像，止于南沿线华阳的人民南路是成都的主干道，同时也是成都的地理中轴线。此外，人民南路还是成都历史的分界线，从老皇城到新城市中心；从过去的市政中心，到今天的天府广场，一半是过去，一半是未来，连接着成都的历史与现在。人民南路是成都各个时期的历史缩影，也是成都人生活的重要组成部分。过去每逢过年过节，成都人都会到人民南路广场拍照留念。

06 春阳水饺

成都知名的水饺店

春阳水饺始创于1985年春，原名“文香草舍面食店”，主要经营川味红油水饺、清汤水饺、各味抄手。因其主营的水饺在传统中有所创新，颇具特色，声誉日隆，后更名为“春阳水饺”。春阳水饺油、肉、面、酱、蒜等材料均为精心选制，以味道鲜美而著称。在素有“吃在成都”的城市里，区区水饺能口碑相传，甚至十几年来各分店如雨后春笋般大量涌现，可见其魅力。

四川省成都市青羊区八宝街140号金色夏威夷A座 乘4、5、57路公共汽车在八宝街站下 028-86277911

07 四川美术馆

西南美术品展览的殿堂

地处成都市中心的四川美术馆建于1992年5月，美术馆外墙由黑灰色大理石和弧形玻璃幕墙组成，附近草坪上摆有6座风格迥异的雕塑作品。馆内则设有三大展厅，展出宋元明清以来中国历代名人字画真迹200余幅。同时馆内还设有神州版画博物馆，收藏展出了我国自五四运动以来的众多版画作品和部分外国版画家的4000余件作品，并附设有画廊、美术书店、美术用品专柜、小卖部、咖啡厅等设施，堪称成都乃至四川省的一座文化圣殿。此外，除了各种常年举办的专题展览外，四川美术馆每年还会举办几次全省美术作品展，并相继举办了徐悲鸿画展、潘天寿画展、全国山水画展、全国版画展，以及来自韩国、丹麦、法国等国家的各种艺术类专项展览。

四川省成都市青羊区人民西路20号 乘地铁1号线在天府广场站出站；或乘53、78路公共汽车在人民公园站下 028-86636302

08 白家肥肠粉青石桥总店

口味独特的风味小吃

白家肥肠粉的选料优质，它是以优质的红薯、土豆为原料制作的一道百年不衰、风味独特的知名小吃。坐在店家古旧的长条椅上，听着两旁不断的叫卖声，再吃上一碗酸辣的肥肠粉，让人回味悠长。除了肥肠粉外，白家肥肠粉店的军屯锅魁也是一绝，香麻的味道，酥脆的口感，值得一尝。

Tips

四川省成都锦江区青石桥北街成物大厦底35号 乘地铁1号线在天府广场站出站；或乘26、99路公共汽车在红照壁站下

09 骡马市

75分！

适合白领购物的商业街

如果说春熙路是一个“时尚商圈”，盐市口是一个“大众商圈”，那么骡马市就是一个“白领商圈”。来到骡马市，无论是太平洋全兴店，还是太平洋影城，其消费人群大多是白领人士。他们白天西装革履，为事业与前程奔波，夜间则一副休闲打扮，尽情享受生活。

Tips

乘55、61、64路公共汽车在上西顺城街站下

效率是白领精英们衡量工作与生活的一大准则。“就近工作，就近生活，就近居家”成为成都白领阶层的普遍选择，而且还能最大限度地为他们节约时间和交通成本。在骡马市工作、居家、生活，他们就不必每天花一两个小时在上下班的路途上奔波，也不必为堵车误时而烦恼。如今，在骡马市一带工作的白领越来越多，商家自然也看准了这一商机，这里购物、美食、茶艺、酒吧等休闲娱乐几乎无所不包，日渐成为成都新兴的知名商业圈。

10 小谭豆花

成都的老字号小吃

吃 ★★★★★

小谭豆花是成都的老字号小吃，豆花非常细腻，作料地道。除了豆花，这里的小笼蒸牛肉也颇受欢迎，出笼的牛肉香辣酥麻，细腻肥美，让人一吃就停不了口。

Tips

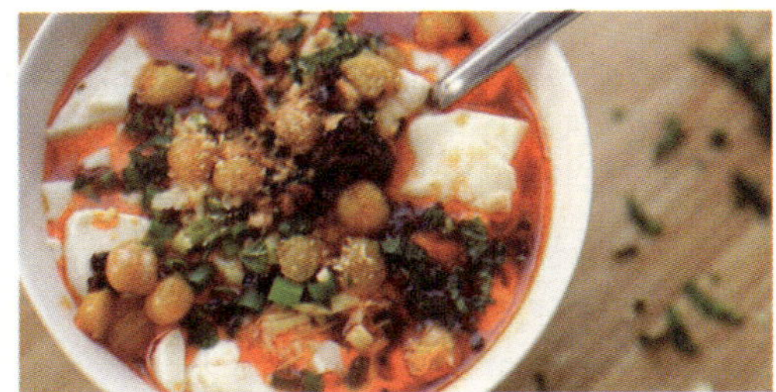

四川省成都市青羊区西大街86附13号 乘55、61、64路公共汽车在上西顺城街站下

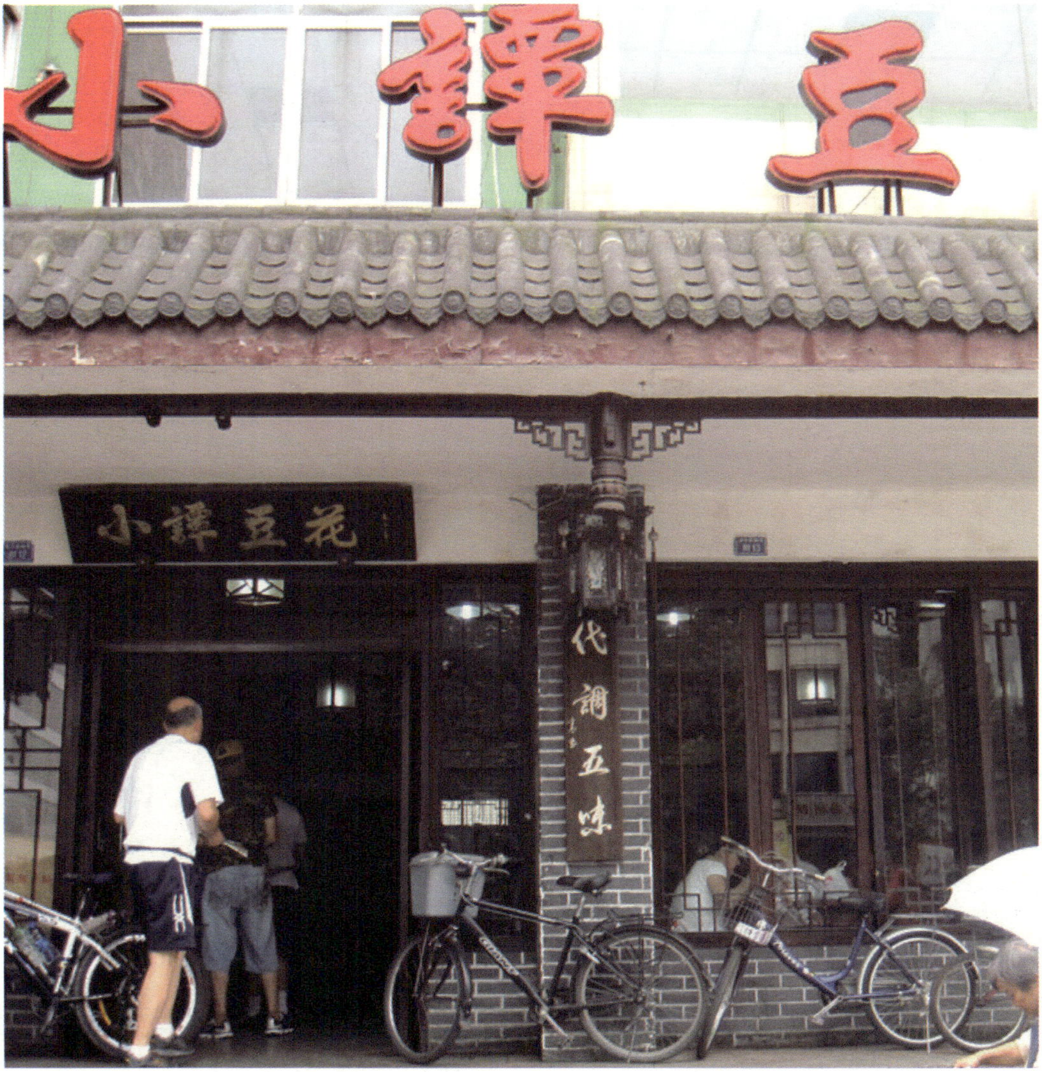

11 陈麻婆豆腐骡马市店

最富地方风味的川菜

★★★★★

Tips

四川省成都市青羊区西玉龙街197号 乘37、48、55、98路公共汽车西玉龙街站下 028-86754512

麻婆豆腐是中国菜肴中最富地方风味的特色菜之一，也是风靡全国的川菜名肴。外地人来到成都都不忘品尝地道的麻婆豆腐。

据说麻婆豆腐始创于清朝同治年间成都外北万福桥边的一家“陈兴盛饭铺”，这里的老板娘被人称为“陈麻婆”。光顾陈兴盛饭铺的主要是挑油的脚夫，这些人经常是买点豆腐、牛肉，再从油篓子里舀些菜油要求老板娘代为加工。日子长了，陈麻婆逐渐在烹制豆腐上研究出了一套独特的技巧，形成了一种独特风味。陈麻婆豆腐很快便名扬蓉城，当时不少文人骚客也常常在陈兴盛饭铺会饮。如今陈麻婆豆腐在成都市内有多家分店，位于骡马市的这家就是其中之一。这家店借助骡马市的人气，形成了固定的食客群。这里的麻婆豆腐味道正宗，鲜嫩的豆腐配上刺激的麻辣味，非常下饭，吃完以后从嘴里到胃里都是热乎乎的，非常舒服。

四川
攻略HOW

Part.2
成都·春熙路

位于成都市中心的春熙路是成都最繁华热闹的地方，沿街有众多知名的成都小吃和繁华的商场，到成都来如果不逛春熙路，就好比到北京不去王府井，到上海不去南京路一样令人遗憾。夜晚，霓虹灯勾勒出的夜景让春熙路显得更加时尚现代，被誉为“西南第一街”。

成都春熙路 特别看点！

第1名！ 春熙路！

100分！

★ 成都最繁华的商业街，西南第一街！

第2名！ 大慈寺！

90分！

★ 成都知名的古寺，“震旦第一丛林”！

第3名！ 成都川剧艺术中心！

75分！

★ 观看川剧的好地方，了解古老艺术的发展历史！

01 春熙路 100分！

成都最繁华的商业街

逛 ★★★★★

位于成都市中心的春熙路由四川军阀杨森提议兴建，建成于1924年，最初名为森威路，后取老子《道德经》中“众人熙熙，如登春台”之意更名为春熙路，是成都最繁华热闹的地方。到成都来如果不逛逛春熙路，就好比到北京不去王府井，到上海不去南京路一样令人遗憾。近百年来，春熙路一直是成都著名的商业中心，走在这里，令人不禁感慨这里作为成都繁华的象征，无愧其“西南第一街”的赞誉。

Tips

四川省成都市锦江区春熙路　乘47、56路公共汽车在城守东大街站下

02 西南书城

中国十大书城之一

位于成都市最繁华商业区的西南书城是成都第一家选择在闹市区开业的大型图书城，绝佳的地理位置也为西南书城带来了旺盛的人气。共有4层营业面积的西南书城设有经济馆、社科馆、文学馆、美术馆、少儿馆等不同分区，在2层还有港台音像杂志的专柜，并为读者提供畅销书排行榜以供参考。

四川省成都市青羊区上东大街友谊广场A座1-16号 乘38、47路公共汽车在城守东大街站下
028-86605069

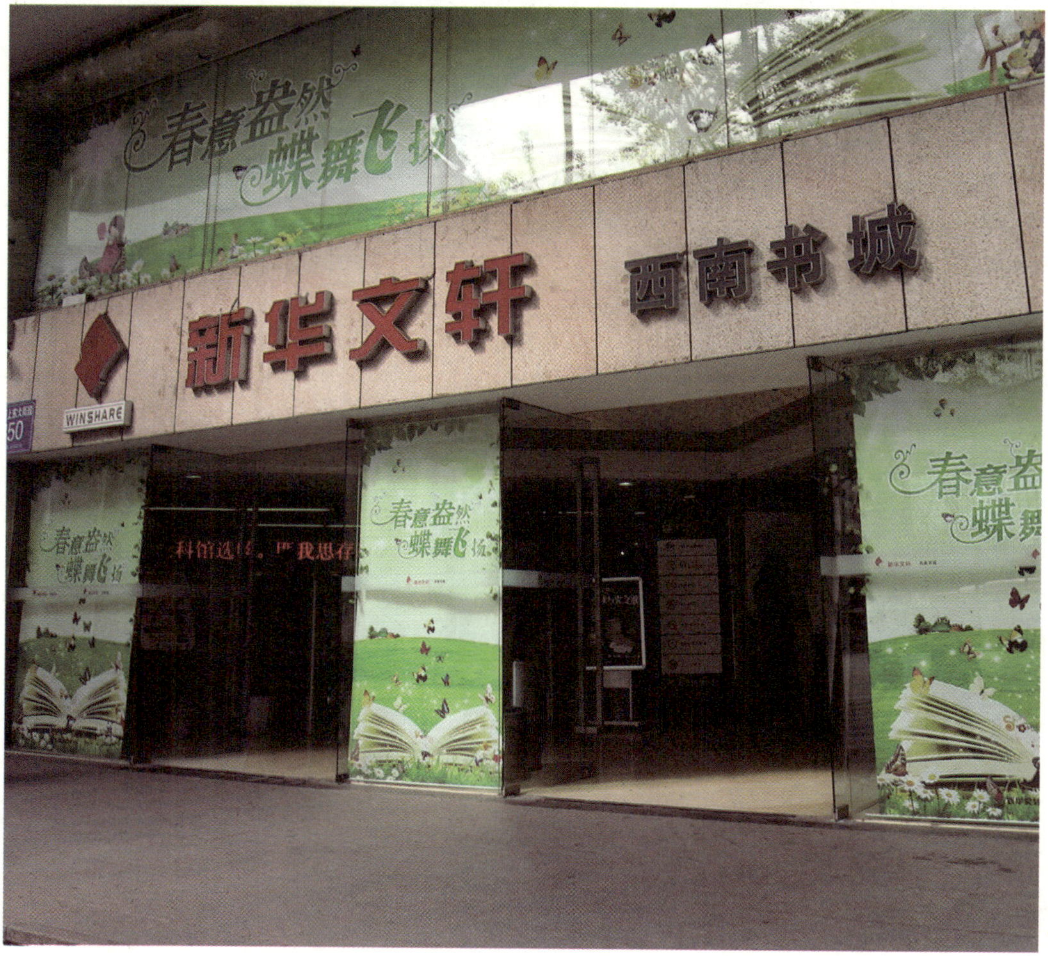

03 龙抄手春熙路店

老字号的小吃名店

抄手是成都人对馄饨的一种特殊叫法，因包制这种小吃时要将面皮儿的两头抄拢起来，故叫此名。成都知名的老字号小吃店龙抄手创立于1941年，最初位于成都悦来场，20世纪50年代初迁往新集场，60年代后又迁到了春熙路的路口。据说龙抄手的创办人张武光和好友在当时的浓花茶园商量开店事宜，选用了浓花茶园的“浓”字给新店取名浓抄手，因四川方言中“浓”与“龙”同音，最终采用了谐音字“龙”而命名为龙抄手。

Tips

锦江区春熙路南段6-8号 乘47、56路公共汽车在城守东大街站下 028-86666606

04 四川省图书馆

繁华商业街上的图书馆

毗邻春熙路的四川省图书馆建于1912年，迄今已有百余年历史，是中国成立最早的公共图书馆之一。地处成都最繁华商业街上的四川省图书馆闹中取静，设有中外图书室、中外期刊室、古旧文献视听资料室和电子阅览室等18个阅览室，同时还向读者提供开架借阅的服务。在馆内收藏的各种图书中，以四川省的地方志和抗日战争时期的出版物、民国时期的期刊和众多近代文化名人手稿最为珍贵，充满浓浓的“四川气息”。

Tips

四川省成都市锦江区总府路6号 乘3、4路公共汽车在蜀都大道站下 028-86655171

05 锦华馆

中西合璧的商业街

中西合璧的锦华馆是一条100余米长的特色休闲街，沿街建筑多是高挑拱顶，用仿古青砖砌成的墙面和地面，以及安装着西洋彩绘玻璃的拱券式窗户，洋溢着浓郁的20世纪初民国建筑风情。这些古典时尚的沿街商铺，大多是经营各种时尚服饰的店铺和精致典雅的咖啡厅及餐馆，深受成都年轻人的欢迎。在锦华馆中可逛街购物，或只是单纯拍照，也可在沿街咖啡厅与餐馆内小憩片刻，细细品味这繁华街市中独有的文化气息。

Tips

成都市锦江区春熙路北段40号附1号　乘47、56路公共汽车在城守东大街站下

06 乐来锅魁

美味的锅魁饼

吃 ★★★★

成都被称为锅魁王国，在街上几乎到处都可以看到锅魁店以及拿着锅魁边走边吃的人。成都锅魁品种繁多，甜、咸、白味、五香等口味应有尽有，用料上则有芝麻、椒盐、葱油、红糖、鲜肉等不同选择，采用包酥、抓酥、空心、油旋、混糖等制作方法。在乐来锅魁，可以品尝到耳片、卤肉、三丝、肥肠、鸡片等多种馅料的锅魁，好吃实惠，深受人们欢迎。

Tips

四川省成都市锦江区红星路二段85-15号　乘47、56路公共汽车在城守东大街站下　028-86620497

07 大慈寺 90分!

成都知名的古寺

赏 ★★★★★

成都古迹众多，但大慈寺则被视作成都的代表之一，甚至有“没到过大慈寺，就等于没来过成都”的说法。成都大圣慈寺修建于公元7世纪，古称“震旦第一丛林”，又称大慈寺，唐玄宗曾赐匾额“敕建大圣慈寺”，之后唐肃宗也为其亲笔书写“大圣慈寺”。唐宋时期的大慈寺以壁画著称，当时寺中有100多幅上乘的壁画佳作，其中唐代最著名的画家吴道子的亲笔画就有10幅。现今的大慈寺被辟为成都市博物馆，向游人展示成都这座历史文化名城从新石器时代至鸦片战争时期的漫长历史。

四川省成都市锦江区大慈寺路23号　乘47、56路公共汽车在城守东大街站下　¥ 3元

08 方所书店

成都最美的地下藏经阁

买 ★★★★★

🏠成都市锦江区成都远洋太古里M68-70号商铺 🚇地铁2号、3号线到春熙路站下 ⏰10:00-22:00

开业于2015年的成都方所书店是继广州之后开办的第二家方所书店，是以书店为基础，同时涵盖美学生活、植物、服饰、展览空间、文化讲座与咖啡的文化综合体。这家书店藏身太古里的地下，占地5500㎡，文艺感和设计感十足，8米的挑高，37根造型迥异的立柱，铺满行星轨迹的地面，像是一个独立于世的魔幻空间，让人仿佛置身于浩瀚的书海之中。书店由台湾朱志康设计，采用了“地下藏经阁”空间构想，设计灵感来自旁边的千年古刹大慈寺。方所书店一开业，即被美国《建筑文摘》杂志列入“世界最美15座书店”榜单，成为大众网红旅游打卡地。这里藏书十万册，外文原版、中文古籍、设计、摄影、电影等相关书籍齐全且精致。选一本书，点一杯饮品，就能在此享受半天的文艺时光。

09 四川书市

四川图书批发的一艘旗舰

买 ★★★★★

🏠四川省成都市青羊区梨花街2号 🚇乘地铁1号线在天府广场站出站；或乘61、78路公共汽车在红照壁站下

淘书斋总店所在的四川书市是中国西部规模最大的图书批发市场，以批发为主，同时也有文化相关产品配套服务等，堪称四川图书批发界的一艘旗舰。由四川及周边各出版社、文化公司和小书店共同设点构建的四川书市规模庞大，共有4层楼的营业面积，不论国营、私营、零售还是网购等渠道都在这里设有门市。置身其中，琳琅满目的图书不仅种类繁多，同时还有不同的折扣，是读书爱书者的一处文化胜地。

10 赖汤圆总府路店

赖汤圆的总店

Tips
总府路23号 乘4、98路公共汽车在总府路站下车 028-86629976

赖汤圆创始于1894年，创始人是四川资阳东峰镇人，名叫赖元鑫，他看到成都地区卖汤圆的如此众多，认为要想站住脚跟，非有过人之处不可。因此，他暗暗定下三条规矩：一是利看薄点儿；二是服务好点儿；三是质量高点儿。他起早贪黑，粉子磨得细，心子糖油重，卖完早堂赶夜宵，苦心经营。直至20世纪30年代他才在总府街街口买了间铺面，坐店经营，取名赖汤圆。他的汤圆选料精、做工细、质优价廉，有“煮时不浑汤，吃时三不粘（不粘筷、不粘碗、不粘牙）”的特点。

11 华兴街

成都的摄影一条街

逛

Tips
乘4、98路公共汽车至总府路站下车

和总府路平行的华兴街是一条极有特色的商业街，它以出售各种摄影用品而出名。这条街上的景观也是成都发展的一个缩影，它的一侧是现代化的高楼大厦，另一侧则是充满生活气息的古老房屋。这里会聚了众多的摄像器材专卖店，无论是国内品牌还是国际品牌都应有尽有。游客们在此可以挑选时下最为流行的数码产品，也能购买更专业的单反相机，还有那些琳琅满目、价格不菲的镜头。

12 成都川剧艺术中心

75分!

观看川剧的好地方

★★★★★

成都川剧艺术中心由过去的锦江剧场扩建而成，长期以来就是川剧迷们会聚的地方，他们会在这里欣赏一场场优秀的曲目作品，并充满热情地进行交流。川剧的特点是充满生活的气息，语言风趣幽默，各种绝技更是贯穿全剧始终。这里是欣赏川剧这种古老艺术的绝佳场所，各种川剧绝活如变脸、吐火、滚灯、藏刀、踢天眼等应有尽有，令人大呼过瘾。值得一提的是，中心内还有川剧艺术的展览，能让人们更好地了解这个古老艺术的起源和发展。

Tips

四川省成都锦江区华兴正街54号 乘4、98路公共汽车在总府路站下 ¥120元

13 夫妻肺片总府路总店

最地道的夫妻肺片

★★★★★

在成都，要吃地道的夫妻肺片，那就一定要到夫妻肺片总店来。它坐落在寸土寸金的总府路上。夫妻肺片是很神秘的一道小吃，什么是肺片？这道小吃为什么叫夫妻肺片？这让许多人百思不得其解，进而来一探究竟。

Tips

四川省成都锦江区总府路23号 乘4、98路公共汽车在总府路站下车 028-86622251

夫妻肺片总店的店面很小，环境也有些嘈杂。好在这里的夫妻肺片名不虚传——红红的汤色，实在的内容，鲜香的味道，让你“麻得舒服，辣得够味”。

14 盘飧市

成都的特色小吃

于1925年开始营业的盘飧市是成都一家老字号饭店，它以各种卤煮小吃而闻名。这家饭店有着浓郁的文化气息，店名就取自诗圣杜甫的名作《客至》诗中“盘飧市远无兼味，樽酒家贫只旧醅”句，令人不得不赞叹中华文化的博大精深。盘飧市的卤煮味道上佳，令品尝过的人们回味无穷，它们既可以作为绝佳的配菜，也可以当仁不让地成为餐桌上的主食。这里的卤味也可以外卖带走，所以在店内人们每天都会排起长龙，选购自己喜爱的食物。

四川省成都锦江区华兴正街64号 乘4、98路公共汽车至总府路站下车

15 蜀都大厦

成都曾经的地标式建筑

赏 ★★★★★

建造于20世纪90年代初的蜀都大厦在成都诸多大型商场中是较早营业的一家，曾几何时它那116米的高度，让它获得了“西南第一高楼”的美誉。它有着引领潮流的现代化建筑风格，独特的玻璃幕墙在阳光的照耀下璀璨生辉，气派非凡，是一个集购物、娱乐、休闲、饮食、住宿于一体的综合性大厦。值得一提的是位于30楼的旋转餐厅，在那里可以一边品尝美食，一边俯瞰成都的繁华市区风光。

Tips

四川省成都锦江区总府路47号 乘4、98路公共汽车在总府路站下车

16 钟水饺总店

大名鼎鼎的钟水饺

★★★★★

最初在成都的荔枝巷开店，又叫荔枝巷水饺的成都钟水饺可谓大名鼎鼎。这里的水饺是净肉饺子，个头小小的，十个一两，也就一小碗，不过好东西自然有它的好味道。钟水饺用的饺皮儿是自制的，软硬合度。其红油是用成都有名的二荆条红辣椒面加菜油炼制，一小碗红油水饺除了加红油，还用特制的酱油、芝麻油、蒜泥汁、盐、味精等好多种调料精心调配而成。

Tips

四川省成都锦江区提督街7号 乘坐45、23路公共汽车在文化宫站下车

17 二姐兔丁

风味独特的小吃 ★★★★

二姐兔丁在成都很有名气，它最有名的是兔丁肉多骨头少，不加兔头，作料加有二姐特殊的配法，香鲜可口。二姐的“兔”系列中还有五香卤兔、红板兔、麻辣兔丁。另外，二姐兔丁店还经营红油鸡块、蒜泥白肉、凉拌肺片、五香蹄筋等多种凉菜。

四川省成都武侯区玉林小区玉林中学对面　乘坐27、34路公共汽车在九茹村站下车

18 总府路

成都最有名气的商业街 ★★★★★

总府路横贯成都市中心，与春熙路毗邻，是最负盛名的商业中心。红旗、太平洋、王府井百货等大商场一家挨着一家，相互竞争，弥漫着商战的硝烟。

Tips

四川省成都市锦江区总府路　乘4、98路公共汽车至总府路站下车

作为成都人，或者到成都旅游的人，都免不了要去这里。其实除却富丽堂皇的现代都市风景带给人们的快乐外，到了这条街，总会自然而然产生一种购买欲望，哪怕只是购买一件小东西。你会觉得这里的一切每天都在刷新，你来逛了最后却又空手而归的话，心里总会隐隐地感到怅然若失。

四川
攻略HOW

Part.3

成都·宽巷子窄巷子

作为成都最具特色的古老休闲街区，宽巷子和窄巷子是老成都的真实写照。改造后的这两条平行小街，两侧林立着众多酒吧、茶馆、餐厅，是成都市内最具人气的热门景点，同时也是感受老成都风情的绝佳去处。

成都宽巷子窄巷子特别看点

第1名！宽巷子窄巷子！

100分！

★古老成都的最后代表，感受老成都风情！

第2名！人民公园！

90分！

★成都最早的公园，了解近现代成都的历史！

第3名！成都画院美术馆！

75分！

★成都市最好的美术馆，热爱艺术的人必去！

01 宽巷子窄巷子

古老成都的最后代表

★★★★★ 逛

宽巷子和窄巷子是“老成都岁月”最鲜活的写照，也被称作成都最具风情的旅游地标，它们是两条平行的小街，相距也就几十米的距离，民间有“宽巷子不宽，窄巷子不窄”的说法。最近几年，宽窄巷子吸引了很多外地和国外的游客，有时候这里来来往往的外国人甚至比老街坊还多。游客们来到这里只为坐坐街边的小茶馆，喝几口价廉物美的成都花茶，吃一碗家常酸辣面，这里吸引他们的就是这些成都人生活中最平淡而又最独特的细节。

Tips
四川省成都市青羊区同仁路以东长顺街以西 乘62、70、93、126、127、340路公交在宽窄巷子站下车；地铁4号线宽窄巷子站

02 龙堂旅社

最具川中民居风情的旅馆

Tips
四川省成都青羊区宽巷子26号 ，近下同仁路
乘坐62路、70路、93路公交在长顺中街站下车；地铁4号线宽窄巷子站 028-86648408

位于宽巷子街区内的龙堂旅社由过去的民居改造而来，因而极具古老的川中风情。这些建筑大都建造于清朝，有着典型的明清建筑风格，青砖灰瓦，洋溢着古朴的味道。漫步在龙堂旅社四周，能够感受到浓郁的巴蜀文化，充满了生活的气息。

这里环境清幽，住宿条件比较简单，正好适合背包客和驴友们，这种原汁原味的体验是在豪华旅馆中难以感受到的。

03 成都画院美术馆

75分!

成都市最好的美术馆

★★★★★ 赏

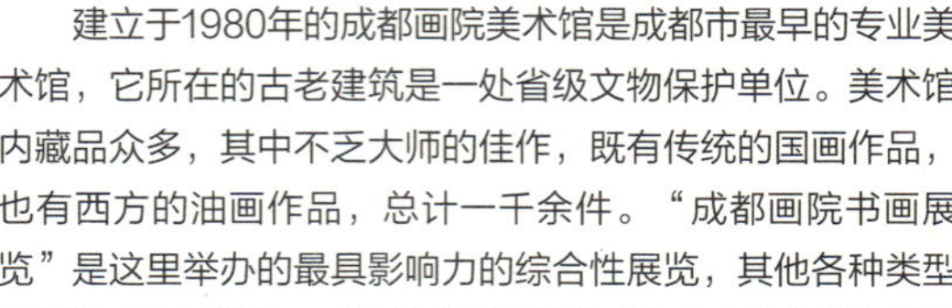

建立于1980年的成都画院美术馆是成都市最早的专业美术馆，它所在的古老建筑是一处省级文物保护单位。美术馆内藏品众多，其中不乏大师的佳作，既有传统的国画作品，也有西方的油画作品，总计一千余件。“成都画院书画展览”是这里举办的最具影响力的综合性展览，其他各种类型的展览也不可胜数，无论是热爱何种艺术的参观者都能在这里找到自己所欣赏的作品。

Tips

四川省成都市青羊区下同仁路80号　乘13、47、64路公共汽车在同仁路口站下车　028—86275483

04 人民公园

90分!

成都最早的公园

Tips

四川省成都市青羊区少城路12号 乘13、43、47、53、58、5、62、64、78、夜间6路公交在人民公园站下车；地铁2号线人民公园站下

在成都市区繁华地带，有一座风景秀美的公园，这座公园的命运曾经和近现代成都的历史紧密相关，这座老成都人熟知的“少城公园”，就是现在的人民公园。公园内现今还保留有一座重要的历史建筑——“辛亥秋保路死事纪念碑”。抗战时期，少城公园曾遭日机轰炸，损坏极为严重。烽烟散尽，这座公园也在新中国成立后得到重建，从此改称“人民公园”。

05 鹤鸣茶馆

成都最有韵味的茶馆之一

鹤鸣茶馆始建于20世纪20年代，是成都历史最悠久、保存最完好的茶馆之一。成都人喝茶喜欢聚集在茶馆、茶楼，常常伴随着欣赏戏剧、说书、龙门阵，还有一项似乎与喝茶丝毫不沾边的享受，就是品足了香茗躺在竹椅上请一位挖耳手艺人掏耳。在鹤鸣茶馆，挖耳手艺人、擦鞋的、卖豆花的、卖报的一应俱全。到绿荫下找把竹椅坐下，花几元钱要一碗茶水，喝喝茶、挖挖耳、听听评书、摆摆龙门阵，生活就是这样不紧不慢，悠闲滋润。公园的绿树翠湖给鹤鸣茶馆增添了几分自然清新，鹤鸣茶馆也散发着弥久不散的闲适氛围。除了鹤鸣茶馆，“品茗廊”“绿茵阁”等茶馆人气也很旺。

四川省成都市青羊区少城路12号 乘13、43、47、53、58、5、62、64、78、夜间6路公交在人民公园站下车；地铁2号线人民公园站下 ¥ 20元左右

06 廖老妈蹄花

独特的成都小吃 ★★★★

蹄花其实是清炖猪蹄，一碗白汤，一碟“蘸水”，出锅的蹄花汤鲜皮嫩，肥而不腻，入口即化，令人回味无穷。要是天凉的时候来上一碗，那暖烘烘的感觉更是舒坦。周边的半边桥一带，有很多家“老妈蹄花”店，人气最旺的还属廖老妈这家，虽然店内装修简陋了一点，可味道绝对不会让你失望。

四川省成都市青羊区东城根南街7—11号 交通：乘13、43、47、53、58、5、62、64、78、夜间6路公交在人民公园站下车；地铁2号线人民公园站下 028-62377228 ¥ 50元左右

07 见山书局

古色古香的书店 ★★★★

见山书局，字面意思即书卷在手，开门见山。李克强总理曾亲临这里造访。书局临街，木书架上历史和人文旅游类书籍充盈其间，最有特色的是，这里有不少介绍成都历史文化的专著。作为宽窄巷子里文化气息最浓厚的地方，这里经常举办文艺沙龙活动，全国各地的文化名流总会在当地朋友的带领下来这里参加雅集，可谓风尚杂陈、川流不息。

四川省成都市青羊区长顺上街宽巷子22号 乘62、70、93、127、163、340路公共汽车在宽窄巷子站下车

四川
攻略HOW

Part.4 成都·青羊宫&杜甫草堂

毗邻杜甫草堂不远处的青羊宫是成都市内现今历史最悠久、规模最大的一处道教宫观，与杜甫草堂、武侯祠等一同成为成都的标志。地处成都浣花溪畔的杜甫草堂是唐代诗人杜甫在成都时的旧居，这里梅竹成林，古木参天，是成都最有名的观光景点之一。

成都青羊宫杜甫草堂特别看点

第1名！
青羊宫！
100分！

★成都最大的道观，成都的标志之一！

第2名！
杜甫草堂！
90分！

★杜甫长期居住的地方，诗圣在成都留下的足迹！

第3名！
琴台路！
75分！

★寻古、探秘、购物一条街，古朴的汉代街巷！

01 青羊宫 100分！

成都最大的道观

青羊宫坐落在成都市西郊百花潭附近，这是成都市内建筑年代最久远、规模最大的一座道教宫观。来到青羊宫首先看到的是山门，它庄严宏伟，重叠飞檐。混元殿是青羊宫的第二重大殿，混元殿后的八卦亭是青羊宫的主体建筑之一，八卦亭后的三清殿内有两只铜羊，俗称青羊。成都人笃信这铜羊是太上老君的爱物，能治百病，相传人们有了病痛，只要到青羊宫去摸摸铜羊的相应部位，再摸摸自己的痛处，就“手到病除”，于是人们纷纷到青羊宫抚摸铜羊祈求健康。

Tips

四川省成都市青羊区一环路西二段9号 乘1024、1031、11、129、151、165、170、19、27、34、35、42、58、59、82、g74路公交在青羊宫站下车；地铁2、4号线中医大省医院站 ¥ 青羊宫门票定价为:10元，学生5元，60岁以上老年人和1.2m以下儿童免费

02 文化公园

举办各种群众娱乐活动最多的市区公园

位于青羊区的文化公园是成都一处风景秀丽的公园，它既是附近居民休闲健身的地方，也是举办各种文化娱乐活动的场所。真正让文化公园扬名四海的是这里每年举办的成都灯会和花会，每到元宵佳节这里就会成为各式彩灯的海洋，令人眼花缭乱。春天的成都花会把整个公园渲染得艳丽多姿，届时除了能看到那些五彩缤纷的花朵外，还能欣赏一场场精彩的文艺演出。

Tips

四川省成都市青羊区一环路西二段7号 乘1024、1031、11、129、151、165、170、19、27、34、35、42、58、59、82、g74路公交在青羊宫站下车；地铁2、4号线中医大省医院站 ¥ 免费

03 琴台路 75分!

寻古、探秘、购物一条街

★★★★★

Tips

四川省成都市青羊区琴台路 乘43、13、47、58、5、64、78、夜间6路公交在通惠门站下车；地铁2号线通惠门站 ¥免费

琴台路位于成都城西，全长900米，相传因西汉时期的传奇人物卓文君与司马相如在此开了一家酒铺而得名，周围有杜甫草堂、青羊宫、百花潭、文化公园等文化遗址及公园。从十二桥进入琴台路，抬头就能见到刻有“琴台故径”的大牌坊飞檐翘角，灵气袭人。琴台路仿古汉唐建筑群，以司马相如和卓文君的爱情故事为主线，在横贯整条街道的16万块汉画像砖上展示了汉代礼仪、舞乐、宴饮等风土人情。

04 蜀风雅韵剧院

娱 ★★★★★

四川最古老的大型剧院

四川省成都市琴台路２３号市文化公园内　成都市区可乘坐11路、19路、27A路环线、27路环线、34A路环线、34路、35路、42路、47路、58路公交车　028—87766584

建于清末的蜀风雅韵剧院原本是青羊宫里的一栋古典的巴蜀建筑，后来被辟为川剧的剧场，是四川保存最为完好的梨园剧场。这个剧场在民国时期就是名家荟萃的地方，近年来新一代的川内名角也在登台献艺，并推出了每晚一场的“经典戏曲，民间绝艺表演”，深受广大传统艺术爱好者的欢迎。来到这里还可以看到名震中外的变脸绝活，这种千变万化的独特艺术会让所有慕名前来的游客们感到不虚此行。此外，蜀风雅韵剧院还上演吐火、滚灯、川剧清音等老四川民间艺术表演，而几乎失传的手影戏、杖头木偶等蜀中民间绝技也会在这里登台亮相。

05 痣胡子龙眼包子

四川小吃中的名品

★★★★

四川省成都市青羊区宾隆街37号 乘101、37、5、7路公交在文武路东站下车 028-86655796

痣胡子龙眼包子是廖永通师傅结合江浙汤包和川味包子的特点于1947年始创的。这里的包子小巧玲珑、皮薄馅饱、鲜香可口，是和韩包子齐名的川味包子名小吃。龙眼包子的馅料选用猪的前后腿肉去净筋，剁成肉末再加调味品和浓稠的鸡汤调制。为使馅心肉嫩化渣，还借鉴川味圆子的配制法，放入剁碎的慈姑。这样的小包上笼蒸熟，每个包子上面，鼓鼓地冒出一坨粉红色的馅心，酷似龙眼，因而得名。

06 芳邻路

成都的旅游酒吧一条街

★★★★★

芳邻路酒吧街以旅游为主题，据说到四川各地游玩的驴友们临行前总会去芳邻路上的酒吧小坐，寻找地图，打探线路，问询食住。归来后，又聚集到这里放映幻灯片，传看拍摄的照片，大侃旅途奇遇……渐渐地，这条紧邻百花潭后门的僻静小路，成了旅行者起锚、归航的港湾。

Tips

四川省成都青羊区芳邻路 乘115、126、127、153路公交在芳邻路站下车

走进弯弯的芳邻路，矮树、矮屋，在路灯的流光下，一派静谧。要不是沿街泊着一辆一辆的小轿车，还真以为误入通幽之境。一个紧挨一个的酒吧，在仿古建筑的衬托下，糅进了东方文化的含蓄情调。

07 百花潭公园

浣花溪南岸的胜景

Tips
四川省成都青羊区芳邻路5号 乘126、127路公交在芳邻路西站下车 028-87014534 免费

百花潭公园是一个以优美的自然风光扬名的公园，是著名的浣花溪风景区的一部分，它本是成都的动物园，现在则是一个集休闲、健身等功能于一体的综合性公园。

这个公园由七部分组成，各有其奇妙之处。盆景园是这里最著名的景点，来到这儿的人们，不但可以看到中国古典园林那清秀典雅的景观，还可以看到盆栽艺术和山林风光完美结合的独特美景，并为这些古朴秀雅、苍劲健茂的艺术作品所打动。磊园则以独特的自然风景而出名，在这里人们不但可以看到奔流而下的瀑布，还能看到缩微了的九寨沟五彩池美景。慧园则是根据大作家巴金的名著《家》中那华丽的府第及其园林描写而建造的，有着独特的民国风情，而且这里还陈列着巴金的手稿、书籍、图片等珍贵物品。

08 送仙桥

成都最大的古玩市场

Tips
四川省成都市青羊区浣花北路24号 乘19、35、58、82、165、170、309、319、1024、1031路至送仙桥站下车步行百米即到 028-85098895、028-85098875

送仙桥是成都最著名的古玩市场。市场有专营新旧古董家具的各色小店，“云烟过眼”“报朴斋”等名字就充满了古味。看看那些明清家具，漆是掉了几块，但露出的实木质地也看得出斑驳的岁月痕迹。那些雕刻精细的镂空窗棂述说着过去的光阴，当年舔湿手指，就能捅破那层薄薄的窗户软纸，而后屋内脉脉的熏香便溢出来了。傍晚时分，市场门口靠河岸处还有一大片活动摊点，聚集了各地商贩，向懂行的、外行的兜售着各种古玩物品。虽然其中有大量赝品，但是眼光不错的话还是能“捡到不少漏”。而来成都的外地人，都把这里视为观光必游之地，买些小玩意留作纪念。

09 杜甫草堂

90分!

杜甫长期居住的地方

Tips

四川省成都市青羊区草堂路1号 乘19、35、58、59、82、165、165、170、309、319路公交车可直达 028-68921800

杜甫是我国历史上最著名的诗人之一，被人们称为“诗圣”。坐落在成都市西郊的浣花溪畔的杜甫草堂是杜甫的故居。他在这里居住了将近4年，写下了包括《春夜喜雨》《茅屋为秋风所破歌》等在内的240多首诗歌。

杜甫草堂在宋、元、明、清数代被多次整修重建，新中国成立后又进行了重建。如今的杜甫草堂，其实是后人为纪念杜甫而修建的一座优美园林。杜甫草堂总面积为20公顷，其间檐廊布局紧凑，小桥、流水、梅园、竹林交错庭中，青瓦飞檐、朱栏花窗的水榭，以及满池的荷花，让这里成为园林之美的最好表达。

四川
攻略HOW

Part.5 成都·武侯祠&锦里

具有浓郁川西风情的古街——锦里，沿街两侧林立着众多茶楼、戏院、客栈、酒楼和酒吧，以及成都最有名的风味小吃店，是游人亲身感受四川民俗文化和独特魅力的绝佳去处。武侯祠是成都最著名的历史古迹之一，与锦里相映成趣，将三国文化与巴蜀文化相结合，同时周围街区拥有众多美味的特色小吃店和酒吧、餐厅，是成都最著名的休闲娱乐区域。

成都武侯祠锦里特别看点

第1名! 武侯祠!

100分!

★最著名的三国古迹之一，诸葛亮与三国文化研究中心!

第2名! 锦里!

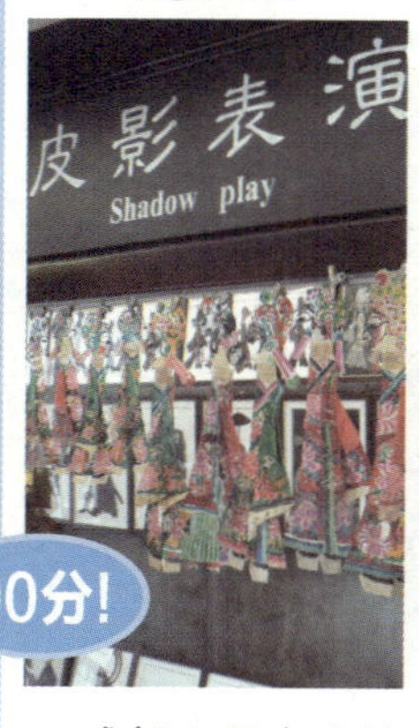

90分!

★成都人最喜欢的仿古商业街，成都最具人气的地方!

第3名! 万里号!

75分!

★成都夜生活的“旗舰”，欣赏灯火辉煌的夜景!

01 武侯祠 100分!

●●● 最著名的三国古迹之一

武侯祠是国内纪念诸葛亮的祠堂中规模最大的一处，最初武侯祠与刘备昭烈庙毗邻，明代初年将其并入昭烈庙，形成现今君臣合庙的独特形式。建于唐代的武侯祠现今呈现在游人面前的建筑为清康熙年间重建，主体建筑是自南至北分布在中轴线上的大门、二门、刘备殿、过厅和诸葛亮殿五重。周围一圈红墙环绕，苍松翠柏掩映其间，内有三国时蜀汉政权几乎所有重要人物的塑像，千百年来令无数三国爱好者心驰神往。此外在武侯祠中还珍藏有相传为岳飞手书的《出师表》，唐代诗人杜甫也曾在诗中写下“丞相祠堂何处寻？锦官城外柏森森”的诗句。现今这里已成为诸葛亮与三国文化研究中心。

Tips
四川省成都市武侯区武侯祠大街231号 乘1、10、57、 82、301、334、335、123、521、901、904路公交在武侯祠站下 028-85552397 ¥60元

必玩

惠陵

刘备的坟墓

惠陵是三国时蜀汉政权的创立者刘备与甘、吴二位夫人合葬的坟墓，与武侯祠之间由一道红墙夹道相连，游人参观完武侯祠中的诸葛亮殿就可向西到达惠陵。惠陵墓前有清乾隆年间所立“汉昭烈皇帝之陵”石碑，由照壁、栅栏门、神道、寝殿等建筑组成。

02 武侯祠古戏台

浓厚的三国文化和巴蜀氛围

位于武侯祠内结义楼中的武侯祠古戏台，是一幢按照古代皇帝看戏的戏台规格修建，整体风格古色古香的仿古建筑，是现今四川省规模最大的一座仿古戏台，它以其浓厚的三国文化和巴蜀氛围吸引了众多游人慕名而来。飞檐翘角、美轮美奂的武侯祠古戏台同时还好戏连台，经常有名角在戏台上登台演出，游人在台下喝茶看戏，享受一出精彩的曲艺盛宴的同时还可欣赏茶艺表演，可谓一举两得。

Tips

四川省成都市武侯区武侯祠大街231号 乘1、10、57、82、301、334、335、123、521、901、904路公交在武侯祠站下

03 刘湘墓园

清净自然的市民公园

毗邻武侯祠的刘湘墓园现今是一处风景秀美、清净自然的公园，园内因葬有近代四川影响最大的军阀——民国时四川省政府主席刘湘而得名。1937年，时任第七战区司令长官兼23集团军总司令的刘湘率领麾下川军出川抗日。1938年刘湘病逝于武汉后，由中央大学建筑系教授杨廷宝仿照北京清陵的建筑风格修建了这座墓园并将刘湘下葬于此。刘湘墓园大门气势雄伟，经过大门后，大道两侧是当时四川军政两界名人张群、张澜、刘文辉等人亲手栽植的柏树，走到尽头就是规模宏伟的荐馨堂，殿内供奉着身穿上将礼服的刘湘画像，穿过荐馨堂就是刘湘墓。

四川省成都市武侯区武侯祠大街231号 乘1、10、57、82、301、334、335、123、521、901、904路公交在武侯祠站下 028-85550224 ¥2元

04 成都担担面

吃 ★★★★

成都知名的小吃

传说担担面是1841年一个名叫陈包包的自贡小贩发明的，这种在面条上浇上特制猪肉末制成的担担面咸鲜微辣，而且卤汁酥香，是成都知名的街头小吃之一。位于武侯祠对面的成都担担面是一家地道的成都担担面馆，香辣适口。担担面看起来简单，其独特的好味道令人印象深刻，经常有游人从武侯祠出来后去店内品尝。

四川省成都市武侯区武侯祠大街242-5 乘1、10、57、82、301、334、335、123、521、901、904路公交在武侯祠站下 028-85541099

05 锦里

90分!

成都人最喜欢的仿古商业街

★★★★★

Tips

四川省成都市武侯祠大街230号 乘1、10、57、82、301、334、335、123、521、901、904路公交在武侯祠站下

锦里是四川历史上最古老、最具有商业气息的街道之一，早在秦汉、三国时期便闻名全国，由青石板小路、古色古香的建筑、大红的灯笼，还有青苔、翠竹，构筑成一个五彩缤纷的世界。古街上遍布着各类手艺人，路边摊上有捏泥人、摆糖画、吹糖人的，有剪纸、刻章、写书法，或给游人画肖像的，有编草编、绳编的，有在米上刻字的，还有表演皮影的，让人眼花缭乱。“小吃区”里汇集了四川各大名小吃，几块钱买上一份，在街边的小桌子旁坐下来，可以尽情地品味一番。锦里最美应是黄昏时，落日余晖温柔地照在房楼上，游人喧嚣的声音渐渐远去，红红的灯笼亮起，韵味十足。

06 韩包子武侯店

吃 ★★★★

北有狗不理，南有韩包子

1914年温江人韩玉隆在成都南大金街开设“玉隆园面食店”，至今已有100多年的历史。韩玉隆辞世后，其子韩文华接替经营，他在包子的做法上精心探索、实践，创制出“南虾包子”“火腿包子”“鲜肉包子”等品种，在成都饮食行业一炮打响，并将其店名更换为“韩包子”，享有“北有狗不理，南有韩包子”的赞誉。

Tips

四川省成都市武侯区武侯祠大街242号 乘1、10、57、82、301、334、335、123、521、901、904路公交在武侯祠站下 028-85538983

07 钦善斋

细腻清淡的川菜药膳

★★★★

Tips

四川省成都市武侯区武侯祠大街247号 乘82、301路公共汽车在武侯祠站下 028-85053333

毗邻武侯祠的钦善斋不同于一般的川菜餐馆，在这里不论炒菜还是火锅，都没有人们一般印象中的麻辣口感，也没有常见的花椒、辣椒和红油，而是以其独特的细腻口感和清淡口味，带给食客别具特色的美味。钦善斋内装饰古色古香，小桥流水和花园相映成趣，其独特的药膳做法大量使用各种菌类和药材，就连水煮牛肉这样的家常川菜也做得口感温和，使得不爱吃辣的人也可以在这里品尝美味的川菜，或是吃些药膳补充营养，达到健康饮食调理的目的。

08 老房子青竹花溪酒楼

老房子酒楼的代表

★★★★

成都的川菜馆鳞次栉比，除了美味的菜肴外，很多餐馆酒楼的装饰布置也别具特色，以四川传统民俗文化为主题的老房子酒楼就以新派川菜和小桥流水的就餐环境闻名，其中青竹花溪酒楼更是堪称老房子连锁酒楼的代表之一。就餐环境别致的老房子青竹花溪酒楼内不仅环境优雅，其菜肴也与环境相贴合，口味不是很辣，清淡的口感和小桥流水的雅致环境相映成趣，吸引了众多食客慕名而来。

Tips

四川省成都市武侯区武侯祠大街243号 乘82、301路公共汽车在武侯祠站下 028-85098822

09 万里号 75分!

成都夜生活的“旗舰”

地处成都万里桥旁的万里号邮轮，是一艘外观为船形的建筑，在这艘停泊于锦江水畔的邮轮上林立着规模大小不一的餐馆、茶室与酒吧。每到入夜时分，这艘巨轮的船身就会点亮绚丽璀璨的灯光，酒吧、迪厅内也开始响起节奏奔放、充满动感的音乐，当地人都称这里是成都夜生活的一艘“旗舰”。人们结束白天一天的工作或观光游览后，来到万里号，选上一个靠江边的座位，喝几杯酒或是吃一碟烧烤，耳畔回响着阵阵音乐，看着江畔灯火辉煌的夜景，别有一番情趣。

Tips

乘1025、109、1126、1、26、28、334、335、340、82、93路公交在浆洗街站下

10 耍都

古色古香的美食娱乐街

★★★★★

Tips

乘1025、109、1126、1、26、28、334、335、340、82、93路公交在浆洗街站下

位于成都城南彩虹桥头的耍都，包括美食主题街、河畔观景街和酒吧主题街三大部分，其古色古香的仿古建筑和时尚创意小店相互辉映，独特的建筑风格和文化氛围吸引了众多成都人和来自世界各地的观光客。耍都正中宽阔的文化广场有一处图腾戏台，白天这里会用精彩纷呈的演出向游人演绎三国文化，晚上则蜕变成一处露天休闲区。除了美味佳肴，耍都还有众多酒吧和KTV，向游人展示着成都丰富多彩的夜生活。

四川
攻略HOW

Part.6 成都·玉林小区

汇集了成都最具个性的特色时装店、酒吧、咖啡店、火锅店的玉林小区，被誉为成都时尚夜生活的代表。这里的酒吧各具特色，当年就是从这里刮起一阵“超女”旋风，最后红遍全国，现今仍有歌迷会慕名来到这些酒吧，在怀旧的同时也在心底期冀自己能遇见新一代的“歌手”。

成都玉林小区特别看点！

第1名！
音乐房子！

100分！

★众多歌手走红的酒吧，主流音乐和地下音乐交流的平台！

第2名！
玉林串串香！

90分！

★风靡成都的串串香店，最地道的成都串串香！

第3名！
芳草街！

75分！

★最富小资情调的街区，时尚的小资之街！

01 玉林小区

成都最现代最个性的社区 ★★★★★

20世纪80年代，崭新的街道和楼宇开始在这片曾经是农田的地方兴建，如今的玉林已经被称为成都最现代、优雅的小区，是成都人娱乐休闲的宝地。在玉林的版图上，有“皇城老妈”“三只耳火锅”这样一些上档次的就餐地点；而在芳草街一带还有一些咖啡馆和书吧能满足人们静静思考和休闲的愿望。无论怎样，在玉林，总可以找到你生活最初和最终的需要，总可以满足你大俗或者大雅的心境。此外，玉林小区还集聚了成都最有个性的时装店、酒馆、咖啡店和影像店。被誉为“酒吧一条街”的玉林西路，则聚集着诗歌、电影、摇滚、美术、建筑等领域的人群，流浪歌手、城市诗人、艺术家也在这里驻扎。总之，休闲与享乐渐渐成为玉林时尚的主题。

Tips

乘12、27、45、61路公共汽车在九茹村站下

02 芳草街 75分! 逛

最富小资情调的街区 ★★★★★

说起在成都能享受轻松浪漫、具有小资情调的地方，自然当属芳草街。街名就很美，传说这里原本是专门种植花草的地方，现在则是酒吧、茶楼、饭店、精品店云集的地方，时尚感比从前的花香更为浓烈。街上的小店一个挨一个，有出售精美服饰的服装店，各种中式、西式、日式、韩式的精品服装琳琅满目；也有生意红火的川味火锅店，热腾腾的蒸汽从店里散发出来，还带着浓浓的辣椒味，让人猝不及防连打好几个喷嚏。这里还有一些创意新颖的日用品店和礼品店，出售的物品大多都是独特的手工艺品，纸制的、竹制的一应俱全，设计简单却很实用。总之，这里的一切都透着清新的小资氛围，适合三五好友相邀而来，或购物，或聚餐，必定会有意外的惊喜。

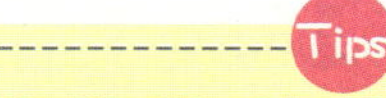

Tips

乘12、26、79、93、211、1006路公交在芳草街站下

03 半打酒吧

人情味十足的酒吧

半打酒吧的前身是位于岷山饭店旁西南航空公司售票处楼下的PUB啤酒馆，相信许多酒吧老客还记得人民南路上他们那个不算很大但非常温暖的家。自开业以来，这里以纯正的美酒、浓厚的文化氛围和人情味享誉成都。1994年，半打酒吧被世界著名的《LONELY PLANET》旅游手册选入《CHINA GUIDE》中。如今的半打酒吧延续了原PUB啤酒馆的风格，同时又增添了许多令人心动的内容。

Tips

四川省成都武侯区芳草街26号 乘12路、72路公共汽车在芳草东街站下 028-85176969

04 坐标风情酒吧街

娱

充满异域风情的酒吧街

位于玉林西路的坐标风情酒吧街由六个不同国家风格的酒吧组成。在长达百米的街上，每一个坐标都代表了世界上的一座主要城市，并以这座城市的名字来命名。酒吧设有清吧、演艺厅、包间等，到处洋溢着香榭丽舍大街情人的浪漫、法兰克福球迷的狂欢、芭提雅的热带风情、格林尼治的传统严肃以及日本富士山串串樱花的烂漫。顾客来到这里点上一杯啤酒，和朋友一起品味异国文化，也别有一番滋味。

Tips

四川省成都武侯区玉林西路玉林小区沙子堰中巷 22:00前乘153路公交在玉林西路东站下 028-85577799 21:00-2:00

05 三只耳火锅

品尝“冷锅鱼”的好地方

★★★★

Tips

四川省成都武侯区倪家桥路10号 乘1006、114、153、77、79路公交在倪家桥路西站下 028-85530188 10:00-22:30

三只耳这个名字听上去很古怪，事实上，三只耳火锅的老板姓聂，因此他就把聂字拆开，给店起名叫做“三只耳”。聂老板根据传统中医的理念开发了独树一帜的“冷锅鱼”，将食补养生融入火锅中去。刚刚出锅的鱼和汤会被直接倒进冷火锅中，锅是冷的，但鱼却是热的，这么吃不会因为过烫而伤到食道和胃，也不会因为过冷而冲淡了火锅的味道。除了鱼外，这里的猪耳朵、腊肉和香肠都采用了成都传统的烟熏制法，鲜香细滑有嚼劲，作为下酒菜是再好不过了。

06 玉林串串香

75分!

成都最风靡的串串香店

串串香是成都的一种传统的特色火锅，是将火锅原料用竹扦子穿起，然后放进火锅中烫熟后食用。玉林串串香就是成都相当著名的一家串串香连锁店，它在成都各地都开有分店，其中位于玉林的总店规模最大。整个厅堂里密密麻麻地摆放有七八十张桌子，桌子不高，板凳也矮，全部被漆成红色，有点像街边常见的大排档。不过正是这样，增添了不少热闹的气氛，整个餐厅里人头攒动，大家都吃得热火朝天。这里的串串香原料十分丰富，除了常见的牛羊肉和家禽外，还有各种蔬菜、河鲜、海鲜等，绝对能满足每个人的口味。

Tips

四川省成都武侯区玉林街26-23号 乘153路公交在玉林街倪家桥路口站下 028-85580723

07 音乐房子

100分!

众多歌手走红的酒吧

音乐房子的主人是个怀揣狂热音乐梦想的青年，所以一到周末，成都或者外来的DJ都会用电子节奏摇醒这个城市慵懒的身体，摇动爱好者的梦想。随着驻唱歌手张靓颖、江映蓉、王铮亮等人的走红，音乐房子这个原本就小有名气的酒吧更是声名大噪，并增添了这个城市的诱惑力，使得到成都旅游增加了一条理由，那就是逛传奇歌手的酒吧。酒吧每两周都会有一个主题音乐活动，这里成了成都的一个来自国内外主流音乐和地下音乐交流的平台。

Tips

成都市武侯区玉林南路15号玉林生活广场305室

乘1006、114、59、63、79、92、93路公交在二环玉林南路口站下 028-85558569

08 老码头火锅

正宗的重庆火锅

★★★★★

Tips
武侯区玉林中路29号　地铁1号线倪家桥站下
028-85555705、028-85550278

气派的黄铜锅，锅下熊熊的火焰，长长的筷子在锅里挑来挑去，红彤彤的锅底，再加上一盘盘鲜肉，这一切组成了传统的重庆火锅。老码头火锅就是经营这红火热闹的重庆火锅的老店，从到处都布满了大红色的店面就能看出里面的热闹景象。走进店里，满屋的热气让人感觉好像一下子走进了夏天，一张张桌边坐满了满面红光的食客。觥筹交错间，大家热热闹闹地交谈着，距离一下子就拉近了。

09 美领馆玉林美食区

汇集海内外饮食的区域

位于成都玉林小区的领事馆路是成都最有特色的餐饮聚集区。这里有魏火锅、快乐老家、玉龙火锅、合记鲍鱼火锅等传统风味火锅，也有阳光餐厅、繁华居、大自然河鲜馆、毛哥老鸭汤等特色川菜酒楼，更有海上海、海上皇这样的海鲜粤菜菜馆。除了这些知名的国内饭店外，这里还有东南亚风味的泰国鱼翅馆等来自国外的风味美食，在不远的科华路上，还有好几家各具特色的西餐厅。总之，这片美食区可吃的品种可以说是五花八门、包罗万象。

乘501路公交在领事馆路站下

四川攻略HOW

Part.7 成都·望江楼

望江楼位于成都的母亲河——府南河畔，是成都的标志景点之一。在望江楼，游人可以一览府南河的水景，也可沿着府南河一路前行，欣赏沿河两岸的众多景点和秀美的水畔风光。华西坝是中国近代著名的华西协和大学旧址，现今则是四川大学华西校区，被誉为成都的“清华园”与“燕园”，一个世纪以来一直是川中学子们向往的地方。

成都望江楼 特别看点!

第1名! 望江楼! 100分!

★成都的标志景观，纪念薛涛的古建筑!

第2名! 合江亭! 90分!

★一览府南河畔的美景，古朴典雅的亭子!

第3名! 府南河! 75分!

★成都母亲河，别具特色的河畔观光之旅!

01 府南河 75分!

成都母亲河

赏 ★★★★★

府南河又名锦江，是绕成都而过的府河与南河的总称，其中绕成都北门，经乐山与宜宾最终汇入长江的府河是都江堰的一条支流，原名郫江；而南河则是李冰修都江堰时从岷江干流分出的一条支流。府南河这条养育了成都人的河流将成都市内的风景与街巷串联在一起，是成都的母亲河。漫步在府南河畔，沿岸绿树成荫，还有众多历史悠久的景点和城市雕塑，可以进行一场别具特色的河岸观光之旅。

Tips

乘75、109路公交在西体北路南站下

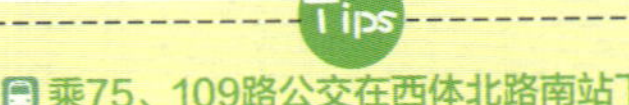

02 九眼桥

府南河最有名的桥梁之一

赏 ★★★★★

始建于明代万历二十一年（1593年）的九眼桥古名宏济桥，又被称为镇江桥，是一座石栏杆、石桥面的拱桥。清代乾隆五十三年（1788年），总督李世杰补修石桥时因大桥共有9个小洞而称其为九眼桥，并流传至今。九眼桥一带曾经是一处繁忙的水运码头，当时从水路前往重庆的人们，都在这里搭船然后顺河而下，四川各地运来成都的货物也在这里卸货上岸，这里留下了老成都的记忆。现今呈现在游人面前的九眼桥是建于1992年的一座立式水泥交叉桥，与周边的四川大学、望江楼等一同成为府南河边的标志景观。

Tips

乘112、343、56、68、82、1093路公交在九眼桥西站下

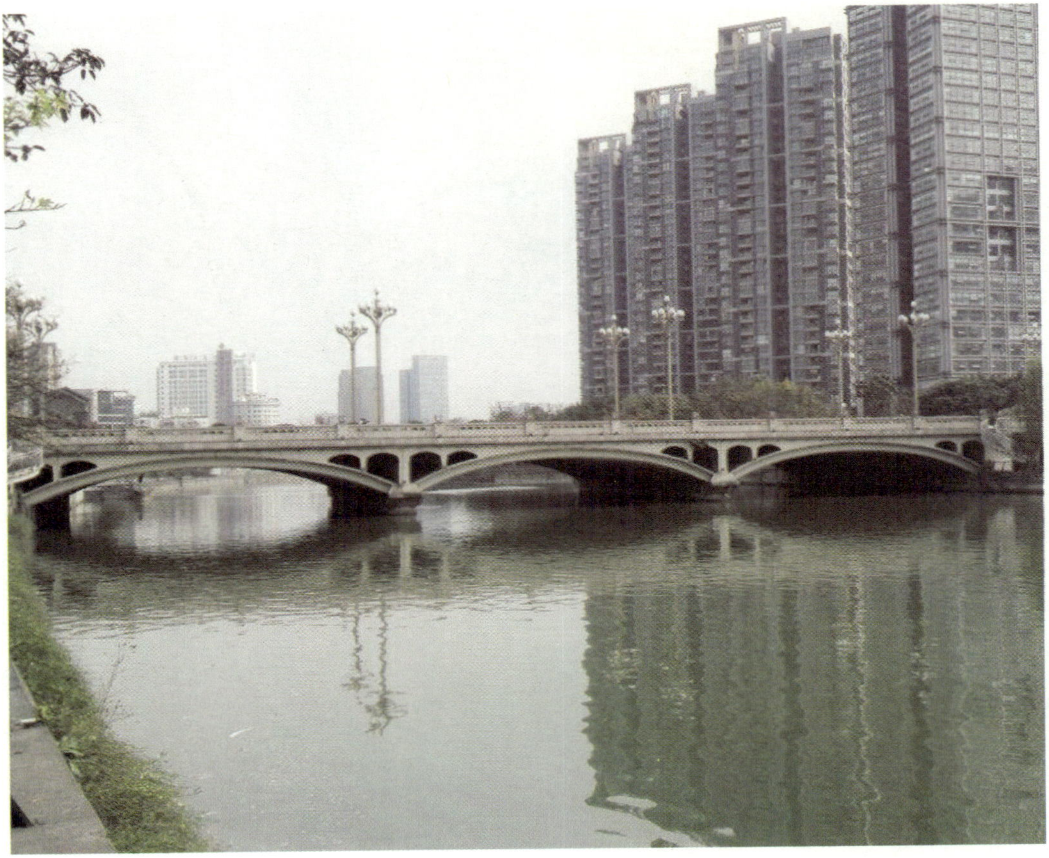

03 水井坊

中国白酒第一坊

Tips

四川省成都市东门大桥外水井坊社区　乘坐10路、18路、43路、47路、104路、152路、335路公交车到达芷泉街公交站下车；或乘坐地铁2号线于东门大桥站B口出站

位于成都城东水井街的水井坊始建于元朝，被称为中国白酒第一坊，是中国现今发现的历史最古老、保存最完整的古代酿酒作坊。1998年发现的水井坊是一处前店后坊的酿酒遗址，同时发现的还有大量自明代起不同时期的酿酒灶台、晾堂、酒窖、酿酒工具和陶瓷材质的酒具。考古学家还根据出土的青花瓷器底部发现的“永丰年制”“大明年造”“锦江春”“天号陈”等题字，推测这里在明清时期是贡酒的生产地，这对了解中国古代酿酒工艺和技术有极大帮助。此外，在水井坊附近的水井街上还保留着大量成都旧时的古老民居，白墙黑瓦红柱，充满着古色古香的老成都街巷回忆。

04 合江亭

90分!

一览府南河畔的美景

★★★★★ 赏

Tips

☎ 乘1093、112、126、127、343、56、68、82路公交在合江亭站下

地处府河与南河交汇处的合江亭始建于唐代贞元年间，是西川节度使韦皋所建。千余年来，这处可观赏府南河风景的亭子迎来无数文人墨客挥毫泼墨，吟诗作赋，成为“一郡之胜地”。1989年，毁于南宋末年兵乱之中的合江亭终于得以重建，在古朴典雅的亭畔还有一座听涛舫供游人在这里品茶下棋。

05 安顺廊桥

府南河上亮丽的风景

★★★★

横跨府南河上的安顺廊桥一带，曾经是府南河上一处重要的水码头，历史上众多蜀中文人武将都从这里上船顺流而下走出四川，一展宏图。现今的安顺廊桥是一座明清风格，两层三孔的仿古廊桥，桥身上还有反映成都酒文化与食文化的浮雕，是游人和成都百姓休闲娱乐的好去处。

Tips

四川省成都市锦江区滨江东路66号 地铁2号线东门大桥站下；或乘112、343、56、68、82、1093路公交在九眼桥西站下

06 科华北路

川大边上的繁华商业街

乘6、49、55、62、92、1002、1115路公交在科华路二环路口站下

科华北路邻近四川大学望江校区，随着这里的学生越来越多，这里也成为一处商业宝地，吸引了不少酒吧、饭店等到这里开业。科华北路上的各种小吃和饭店很多，既有传统的川菜馆、家常菜饭店，也有像味千拉面、台湾饭团这样的国际化快餐店。找上三五个朋友，不管是吃饭闲聊还是消夜，都能找到合自己口味的店面，也不用花费很多就能吃上一餐不错的饭。如果想娱乐，这条街上也有不少酒吧和歌厅，一到晚上灯火通明，青年男女们穿梭其间，相当热闹。

07 华西坝

成都的“清华园”

四川省成都市武侯区人民南路三段17号 乘1025、118、16、45、61、63、78、8、99路、机场专线1号线公交在华西坝站下；地铁1号线在华西坝站下

位于锦江水畔的华西坝前身是1905年英、美、法三国基督教会用返还的庚子赔款筹建的华西协和大学，最初的华西协和大学设有文、理、教育、宗教、医学和牙科等专业，是成都最早的高等学府，其中设于1917年的牙科专业还是全中国第一家牙科专业，是中国口腔医学的发源地。1953年，华西协和大学被调整成为专门的四川医科大学，并成为中国西部地区最高医学学府，至今不少老成都人提到华西坝还是将其称为“川医”，其影响力可见一斑。

华西坝现今是四川大学华西坝校区，园内中西合璧的精美建筑，翠绿竹林环绕的荷花池，还有古老的钟楼，流露出幽静的美感。而华西坝也如北京的清华园和燕园一般，是百余年来四川学子的骄傲。

08 望江楼

纪念薛涛的成都标志景观

Tips

四川省成都市武侯区望江路30号
乘19、35、335路公交在望江公园站下 文物保护区:20.00元 园林开放区:免费

望江楼与武侯祠、杜甫草堂和青羊宫等古迹同为成都的标志景观之一，主要建筑崇丽阁（望江楼）、濯锦楼、浣笺亭、五云仙馆、流杯池和泉香榭等是明清两代为纪念唐代女诗人薛涛先后建起来的一组古建筑。望江楼的主体建筑崇丽阁建于清光绪年间，取晋代文学家左思在《蜀都赋》中“既丽且崇，实号成都”的崇丽二字而命名，楼高39米，共分四层，因其位于锦江岸边，民间又称为“望江楼”，是成都的象征之一。此外，望江楼也是全国竹子品种最多的专类公园，以人面竹和琴丝竹最为有名。

09 自贡好吃客

自贡风味的代表

吃 ★★★★

作为四川省会的成都，汇集了来自四川各地的风味美食。自贡口味的饭菜在近年来风靡成都的饮食界，而其中自贡好吃客就是自贡风味的集大成者。自贡好吃客主要经营跳水蛙、炒蛙和冷锅鱼等特色川菜，做法别具一格。味道也是明显的川南风味，主要就在一个辣字，这里的菜式大多辣得痛快，让人吃一口就觉得从头到脚都通气了一样，就算是感冒也一下子就好了。跳水蛙是这里的特色菜，白白嫩嫩的蛙肉，红彤彤的汤，其间撒上红绿辣椒和嫩嫩的生姜，让人看了就止不住流口水。

Tips
四川省成都市武侯区科华北路101号 乘49、55、62、6、92、g92路公交在磨子村站下；地铁3号线磨子村下 028-85240535

10 蜀江春

经典自贡口味的鱼

吃 ★★★★

Tips
四川省成都市武侯区科华北路109号 乘49、55、62、6、92、g92路公交在磨子村站下；地铁3号线磨子村下 028-85242268

蜀江春也是一家标准的自贡口味的饭店，不过从店名里的“蜀江”二字就能看出来，这里是以鱼作为自己的主打产品。这里的臊子全鱼和剁椒鱼是享誉周边的名菜。其中臊子全鱼的臊子是将肉和火腿一起炒，让火腿充分吸收掉肉臊子里的油腻，让人吃了也不会觉得太油。鱼也是经过精心的烹调，外酥里嫩，非常下饭，也是人们到这里吃饭的首选美味。此外，这里的干煸鳝鱼、双椒仔兔等也都相当值得尝试，那咸辣刺激的感觉，一定能让你回味无穷。

11 盐府人家

富有特色的泡菜墙

盐府人家也是知名的经营自贡口味川菜的老牌菜馆，由于自贡从前是主要的产盐地，因此被称做“盐都”，所以这里的菜式也都偏向咸辣风。初到这里的人可能会有些不适应，但细细品尝之后就能体会到里面的妙处。位于科华北路的这家盐府人家，店里的装潢相当有个性，一个个小泡菜缸就放在橱窗里，五颜六色的煞是好看。里面装着的都是自贡风味的手制泡菜，这些泡菜咸辣可口，品种丰富，据说自贡人“只有想不到的，没有泡不了的”，在这里摆上这么一堵泡菜墙，可以说是店家的一大特色。

四川省成都市成华区1环路北4段前锋街1号 乘77路公共汽车在科华北路站下 028-83366455、028-83366422

四川
攻略HOW

Part.8 成都·文殊坊

建于隋朝的文殊院是一座香火旺盛的佛院，位列中国十大禅林之一。地处文殊院周边的文殊坊是汇集了成都古老民俗和现代休闲美食于一体的成都庙街，文殊坊沿街的建筑都是白墙黛瓦、雕花窗棂的川西风格仿古建筑。在这里可以品尝众多特色成都小吃，也可购买各种古玩字画和蜀锦蜀绣，是一处适合逛街休闲的文化一条街。

成都文殊坊 特别看点！

第1名！
文殊院！
100分！

★中国十大禅林之一，香火极其旺盛的佛院！

第2名！
文殊坊！
90分！

★仿古休闲街，逛街休闲的文化之街！

第3名！
望平美食区！
75分！

★拥有众多四川传统美食餐厅！

01 三大炮

响当当的表演型美食

★★★★

成都的“三大炮”是一道响当当的表演型美食，三大炮在制作时先是在一张木板上摆着12个铜盘，两两相叠，分排行。木板下面放着一口热气腾腾的大铁锅，里面装着煮好的糯米饭。一个身强力壮的汉子不断地从锅里扯出一把糯米饭糍粑，分摘三坨，有节奏地打抖出来。糍粑从木板中弹跳而过，跃进放于木板上方的装有黄豆面的簸箕内，发出“砰砰砰”三响，然后从簸箕内把糍粑团浇上红糖，撒上芝麻，就是一份知名小吃“三大炮”。

Tips

四川省成都市青羊区酱园公所路文殊坊内　乘16、52、55路公交在文殊院站下

02 文殊坊

90分!　逛　★★★★★

仿古休闲街

因毗邻文殊院而得名的文殊坊是一条汇集了成都古老民俗和现代休闲美食于一体的成都庙街，沿街的建筑都是白墙黛瓦、雕花窗棂的川西风格仿古建筑。在文殊坊逛街之余，游人可以品尝这里众多有特色的成都小吃，也可购买各种古玩字画和蜀锦蜀绣，是一处适合逛街休闲的文化一条街。

四川省成都市青羊区文殊院大街　乘16、52、55路公交在文殊院站下

03 文殊院 100分!

中国十大禅林之一

> Tips
> 四川省成都市青羊区文殊院大街15号 乘16、52、55路公交在文殊院站下 ¥5元

地处成都西北角的文殊院是一座香火极其旺盛的佛院，始建于隋朝，在唐代名为妙园塔院，宋代时改称信相寺，清代康熙三十六年（1696年）重修后命名为文殊院，并由康熙帝御题“空林”二字、钦赐“敕赐空林”御印一方。文殊院规模宏大，有殿堂房舍190余间，主要建筑包括天王殿、三大士殿、大雄殿、说法堂、藏经楼，两旁配以禅、观、客、斋、戒和念佛堂、职事房，庄严肃穆，位列中国十大禅林。1942年在南京发现了3块唐僧顶骨，1块留存南京，1块送西安，由于成都是玄奘的受戒地，最后1块就保存在了文殊院内。

04 张凉粉

成都人喜欢的老字号凉粉

★★★★ 

Tips

四川省成都市青羊区文殊院大街14号 乘16、52、55路公交在文殊院站下

成都人最爱吃的凉粉除了大名鼎鼎的川北凉粉还有张凉粉，旧时成都人逛文殊院时都会吃上一碗张凉粉，几十年不变的味道也使张凉粉深受成都百姓欢迎。张凉粉的原料是黄白两种豌豆粉，按味道又可以分为酸辣和豆豉两种口味，其中酸辣味凉粉加入了由辣椒、花椒、生姜、葱叶、冰糖等制作的红油，以及精选大蒜捣制的蒜泥，并有香醋，色香味俱全，红辣味纯、鲜香爽口；豆豉凉粉不加醋，使用豆豉泥作调料，红油照旧，味道同样鲜香爽口。

05 郭汤圆

与“赖汤圆”并驾齐驱的著名小吃

郭汤圆开业于20世纪40年代，其汤圆粉制作精细，酥香爽口；馅心品种丰富，尤以黑芝麻、红豆沙等品种深受消费者喜爱，是一家在成都与“赖汤圆”并驾齐驱的著名小吃，被成都人称为“南赖北郭”。

Tips 四川省成都青羊区宽巷子15号　乘126、127、340、62、70、93路公交在宽窄巷子站下车

06 望平美食区 75分!

河畔美食街

位于成都城东的望平街择水而居，在河畔的街巷边挤满了大小不一的酒楼和酒吧，与不远处的玉双路一同形成了在成都颇有名气的望平美食区。望平街拥有众多四川传统美食餐厅，其中最负盛名的就是三只耳冷锅鱼，每天晚上店内都会坐满客人。此外，在望平街还有众多省外的美食餐厅，如来自北方的小肥羊，就用其独特的火锅口味吸引了众多喜欢麻辣火锅的成都老饕。

Tips 四川省成都市成华区　乘47、335路公共汽车在东门大桥站下车

07 四川广播电视塔

成都的地标建筑之一

位于府南河畔的四川广播电视塔又名西部明珠电视塔，电视塔总高339米，由上下锥形塔楼、斜撑、塔尖四部分组成。其中上塔楼共有10层，呈倒锥台造型；下塔楼有7层，呈正锥台造型。此外，电视塔上下两部分塔楼之间由4根斜撑连接，整体造型简洁大方，是成都市内的标志景点之一。

四川省成都市成华区猛追湾街94号 乘1009、61、6路公交在猛追湾街站下

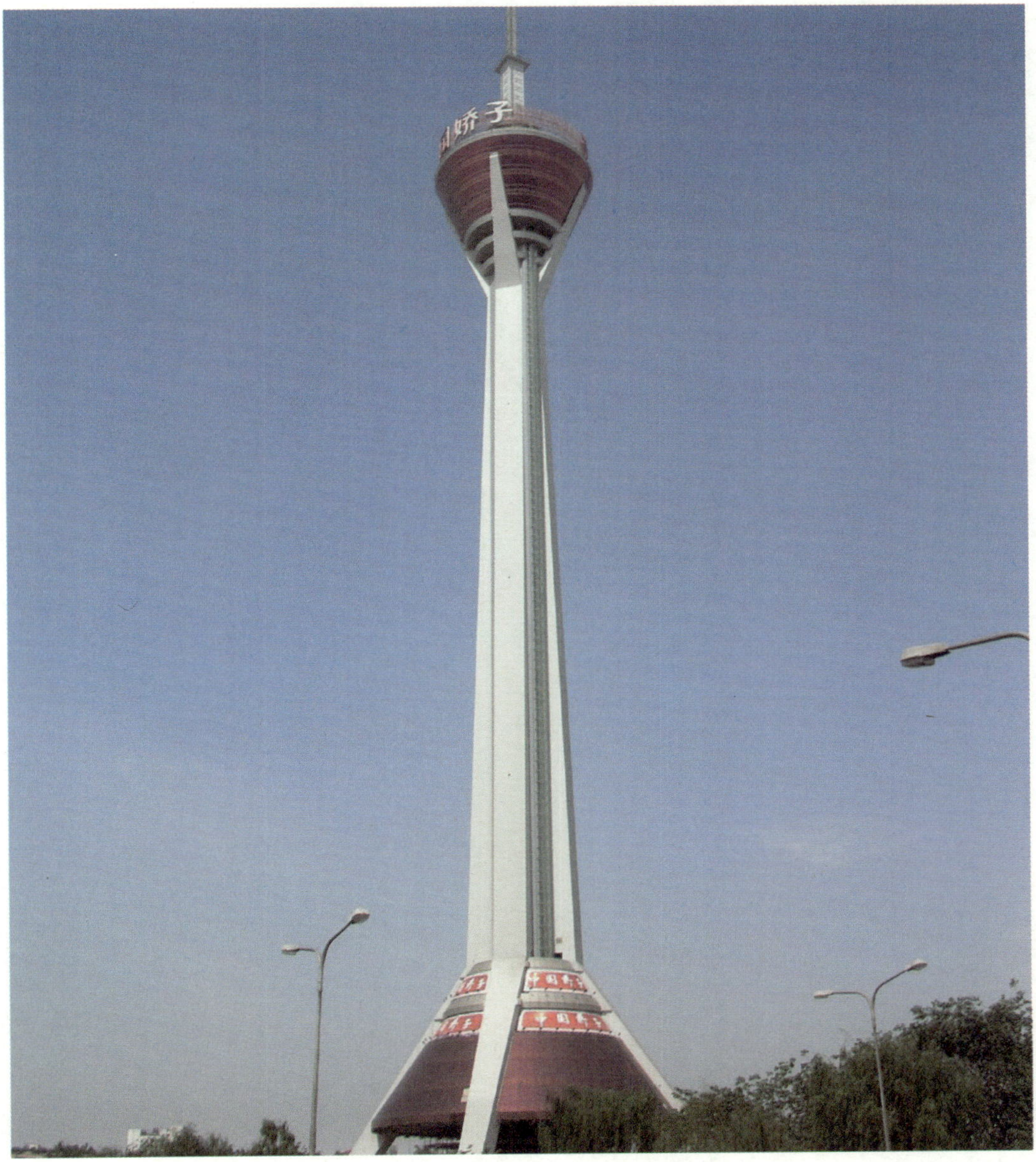

四川

攻略HOW

Part.9
成都·其他

成都其他 特别看点！

第1名！ 昭觉寺！

100分！

★ 川西第一寺，成都著名的佛教寺院！

第2名！ 荷花池！

90分！

★ 成都最大的商品交易中心，小商品荟萃！

第3名！ 永陵！

75分！

★ 前蜀高祖王建墓，唯一位于地面之上并被发掘的帝王陵寝！

01 成都动物园

成都的动物乐园

玩 ★★★★★

位于成都市区北郊的动物园是一个深受孩子喜欢的地方，它是西南地区最大的动物园，游客们可以看到来自世界各地的动物。该动物园里风景秀丽，绿意盎然，园内人潮最多的是大熊猫馆，这种国宝级动物，以它的憨态可掬和天真活泼吸引着观赏者的目光，附近的金丝猴馆、环尾狐猴馆和松鼠猴馆也都很有特色。水禽湖是成都动物园内风景最优美的地方，碧波荡漾的湖面浮游着鸳鸯、天鹅等美丽的鸟儿，白鹭、灰鹭、野鸭等水鸟也时常会聚于此。

Tips
四川省成都市成华区昭觉寺南路234号 乘坐9路、18路、32路公共汽车可以到达公园正门 ¥12元

02 昭觉寺

100分!

川西第一寺

创建于唐朝贞观年间的昭觉寺位于成都城北，与成都动物园仅一墙之隔，是四川重点佛教寺院，也是我国重点的佛教活动场所，素有“川西第一禅林”之称。昭觉寺高僧辈出，不仅在中国佛教史上占有重要位置，还在中外文化交流史上做出过突出贡献。至今，日本和东南亚一带的许多佛教寺庙还把昭觉寺视为祖庭。昭觉寺殿宇规模宏大，山门上书写有“第一禅林”四个大字。寺内御书楼中有清光绪皇帝御书敕石，上书“御赐龙象神通”六字，御书楼由此而得名。

Tips
四川省成都市成华区青龙乡 乘坐156b路公交在昭觉寺站下车 ¥2元

03 荷花池

90分!

成都最大的商品交易中心

★★★★★

Tips

四川省成都市金牛区火车北站附近 乘坐103、154、2、36、65、80、83、86、9路公交在荷花池站下车 028-83388373

荷花池作为西南地区最大的商品集散地，可以说是声名远播，它的崛起和发展给成都带来了巨大的商机，吸引了大批外地商人。在这里你总能听到天南海北的口音，大家有说有笑，忙里忙外。每一个在荷花池做生意的人每天都像一只上足了发条的闹钟，无休止地运转。

有人说，买劣质货，就奔荷花池。这话让荷花池背了不少“黑锅”，其实荷花池货物齐全、物美价廉，不能因为有极少数商户卖过歪货就将这里一棍子打死。成都市区有些小型服装店老板，大多都来这里淘新款，淘到自己的店里少说也会以高出一倍的价格卖出。每逢周末，和家人闲逛至此，没准会淘到你满意的特色商品呢。

04 金沙遗址博物馆

灿烂的古代遗址

★★★★★

乘209路公交车在金沙遗址站下
乘901路旅游观光车在金沙遗址站下
028-87777137 ¥80元

金沙遗址博物馆位于成都西郊苏坡乡金沙村。遗址占地约4平方公里，是成都地区迄今发现的规模最大的商周时期文化遗址。金沙遗址出土的1000余件文物中包括玉器、金器、青铜器、象牙等，还相继出土了大量用于占卜的龟甲以及动物骨骼，这些物件的造型比中原器物更加飘逸、诡秘，充满神秘之美。遗址中出土的石器品种也很丰富，千姿百态，计有石人、石虎、石龟、石璧等。这些发现构成了一幅古蜀宫廷政治宗教生活的立体画卷，使得沉睡千年的金沙文明开始重现在人们眼前。

05 永陵

前蜀高祖王建墓

★★★★★

Tips

四川省成都金牛区永陵路10号 乘126、127、42、341、48、54、30路等公交；或乘坐地铁2号线到"通惠门站"下车，沿西安路步行至永陵路 ¥20元

永陵坐落于成都市中心的抚琴东路，为五代时前蜀皇帝王建的陵墓。当地老百姓一直误传这是诸葛亮的抚琴台，并以此作为当地的地名，直到1942年发掘时才确知是王建的陵墓。王建墓虽曾被盗，但仅存的陵墓建筑和精湛的石刻艺术以及文物，仍可算得上是陵墓艺术的精品。

四川
攻略HOW

Part.10 成都 · 郊区

成都郊区 特别看点！

第1名！ 成都大熊猫繁育研究基地！

100分！

★世界级水准的大熊猫异地保护区，憨态可掬的大熊猫！

第2名！ 西岭雪山！

90分！

★成都第一峰，千年不化的皑皑白雪！

第3名！ 刘氏庄园！

75分！

★全国保存最好的地主庄园，中西合璧的奢华建筑！

01 成都大熊猫繁育研究基地

100分！ 玩

世界级水准的大熊猫异地保护区

★★★★★

位于成都北郊斧头山的成都大熊猫繁育研究基地是一座具有世界级水准的大熊猫异地保护区。基地依靠最初从野外抢救回来的6只大熊猫为基础，经过精心的人工繁殖，如今共饲养着大熊猫70余只，还有小熊猫、黑颈鹤、白鹤等国家一二级保护动物。除了大熊猫保护区外，研究基地还于1993年特别建成了大熊猫博物馆，这家博物馆是世界上唯一一座为一种濒危动物而建的博物馆。目前博物馆里已经有大熊猫馆、蝴蝶馆及脊椎动物馆这三大展馆，并通过大量的图片、标本、文献资料等向人们介绍了对大熊猫的保护、繁殖、研究的历史和过程，是认识和帮助大熊猫回归自然的教育基地。

Tips

四川省成都市成华区外北三环熊猫大道1375号 乘坐1、49、53、63、64、69、71、83路公交到青龙场汽车中心站，再转公交198路或87路即到成都大熊猫繁育研究基地；或地铁3号线熊猫大道站 028-83516911 ¥ 58元

02 宝光寺

佛塔凌空的古庙

★★★★★

始建于东汉年间的宝光寺历史悠久，隋朝时被称为大石寺，唐代黄巢率军攻破长安，唐僖宗逃到四川时曾驻跸于此，并在晚上看到寺中福感塔下发出宝光，因而寺名改为宝光寺。历史悠久的宝光寺自古香火旺盛，据说宋代时寺中曾有僧侣3000余人，清代时更是位列我国南方四大佛教丛林之一。现今宝光寺的主体建筑建于清代道光年间，由妙胜和尚主持扩建，共有一塔五殿十六院，七种罗汉堂建筑呈田字形，供奉有五百罗汉塑像，以及佛、菩萨、祖师塑像77尊，所有塑像全都彩绘贴金，姿态各异，俗称八百罗汉。

Tips

四川省成都市新都区宝光街宝光寺 乘坐公交651、x05等路，在宝光寺站下车可到 028-83972247 ¥ 35元

03 新都桂湖公园

明代才子杨慎故居

★★★★

Tips

四川省成都市新都区桂湖西路桂湖公园 乘650路公共汽车在新都站下转新都10、7a路至桂湖公园站 ¥20元

位于成都市新都区城西南的新都桂湖公园曾经是明代三大才子之一杨慎居住和读书的地方，杨慎字用修，号升庵，是明代正德年间的状元，被誉为明代第一博学之人，现今流传最广的《三国演义》的开场词《临江仙》就出自杨慎之手。杨慎故居现今被辟为桂湖公园，并在明代园林的基础上栽植了大量桂树，每年初秋时节园内都弥漫着桂花香，置身其间，可一览古代园林的风韵。

04 刘氏庄园

75分!

全国保存最好的地主庄园

★★★★★

Tips

四川省成都市大邑县安仁镇 成都金沙车站乘长途车在安仁镇下，换乘大邑11路在刘氏庄园站下 028-88315113 ¥联票55元

位于安仁古镇的刘氏庄园原是大地主刘文彩的私家住宅，由南北相望的两个大建筑群组成。其中南部的刘文彩老公馆建于1932年，共有27个院落，180多间厅堂房屋，3处花园和7道庄门；北部则是刘文彩的弟弟刘文辉的公馆，建成于1942年，是一幢中西合璧的近代庄园建筑。

刘氏庄园内基本陈列由序馆、雇工院、刘文彩生活现场、大型泥塑《收租院》4部分组成，其中1965年由雕塑家创作的《收租院》大型泥塑完美再现了刘文彩的收租现场，在国内外产生了深远的影响，是中国半封建、半殖民地农村社会的一个缩影。

05 西岭雪山

90分!

玩 ★★★★★

成都第一峰

Tips

四川省成都市大邑县西岭镇 成都新南门汽车站、金沙汽车站乘班车在西岭雪山站下 028-88302036 ¥前山门票：30元 后山门票：120元

最高海拔5364米的西岭雪山地处成都西部，天气晴朗时，在成都市内就可以看到西岭雪山千年不化的皑皑积雪，唐代大诗人杜甫在成都居住期间就曾经写下了“窗含西岭千秋雪，门泊东吴万里船”的千古名句，据说雪山也因诗句而得名。西岭雪山集林海雪原、高山气象、险峰怪石、奇花异树、珍禽稀兽、激流飞瀑等景观于一体，除了雪线之上的皑皑白雪，西岭雪山还以其林木茂密，各种野花四季交替怒放的美丽自然风光而闻名。现今西岭雪山已经被开发成设施齐备的滑雪胜地，游人除了可在专业教练指导下滑雪外，还可体验雪地摩托、雪上飞碟、马拉雪橇、雪上飞伞等多种多样的雪上娱乐项目。

06 龙泉风景旅游区

桃花盛开的风景名胜区

Tips

四川省成都市龙泉驿区　在金沙乘坐直达龙泉总站的班车，5元　免费

位于成都东部龙泉驿的龙泉风景旅游区包括龙泉花果山、龙泉湖、石经寺、明蜀十陵等景区，自然风光与人文景观丰富。位于龙泉山中的石经寺始建于东汉末年（220年前后），唐时建大殿，明代正统年间扩建，最初名为天成寺，清乾隆三十二年（1767年）改为石经寺，寺院内有天王殿、大雄宝殿等金碧辉煌的殿宇庙堂。明蜀十陵则是明代分封四川的王族陵墓群，以僖王陵为中心，每座王陵都规模宏大，精致美丽，其中僖王陵地宫更是被赞为“中国古代帝王陵中最精美的地下宫陵之一”。

07 洛带古镇

中国西部客家第一古镇

Tips

四川省成都市龙泉驿区龙泉山中段三峨山麓　在成都市内搭乘公交车到五桂桥汽车总站，转乘219 路公交车直达洛带客运中心，几分钟一趟　028-84893693;028-84892584　免费

明末清初大规模的“湖广填四川”移民运动造就了名闻全国的洛带古镇。原名甑子场的洛带始建于三国时期，历史悠久，是中国西部最大的一处客家古镇，几百年来悠久独特的客家文化为古朴的小镇增添了别样的风采。洛带古镇内现存的明清古建筑不仅外观精美，而且中西建筑荟萃一堂。古镇内一年一度的“水龙节”“火龙节”更是几百年来客家人传承下来的特色民俗活动。

08 街子场古镇

依山傍水的千年古镇

位于崇州城西凤栖山下的街子场古镇迄今已有千余年历史。据说这座古镇最初并不叫街子场，而是由于明代万历年间古镇凋敝，曾经繁华的街巷只剩下江畔的河街子一条街而得名街子场，从此就成了这座小镇的名字。现今的街子场古镇依旧有一条数百米长的明清老街，沿街散落着数百栋明清时期修建的房屋建筑。此外，这里还有建于晋代的光严禅院、宋代民族英雄王小波起义遗址、唐代“一瓢诗人”唐求故居等古迹景点。

Tips

四川省成都市崇州城西北25公里凤栖山下 从成都金沙车站(市内有5路、17路、801路、47路、78路、69路到达)出发，该站每日有发往梅花寨、古寺的大巴车各一趟，时间分别为9:10、10:50，票价10.5元/人;另有发往崇州的大巴车，每四分钟一趟

09 石象湖

自然人文双绝的湖泊

Tips

四川省成都市蒲江县成雅高速86公里出口处 成都新南门车站，每天9点、10点各有一班直达石象湖的班车（具体班次以电话咨询为准），车程大约1.5小时。新南门车站电话：028-85433609 028-88591888 ¥60元

石象湖位于成都平原和青藏高原的接合部，得天独厚的自然条件造就了这里的绝佳景色。面积800亩的湖面虽然并不是很大，但是港湾众多，曲折幽深。湖面平时烟波浩渺，泛舟其间，好像进入了一个水上迷宫一般，不知不觉就会陷入“沉醉不知归处”的境地。除了这些令人难忘的自然景色，湖边还有不少人文遗迹，除了石象寺外，高15米的“川西大佛”和象山书院都是浸润了我国数百年传统文化的景观，将中华文明的悠久和伟大传达给人们。

10 天台山

成都市唯一的红色旅游区

★★★★

Tips

四川省成都市邛崃市 成都新南门旅游集散地乘班车在天台山景区站下 ¥65元

位于邛崃山脉的天台山相传是大禹治水时在蜀国设台祭天之地，故而得名。早在远古时代，天台山一带就是古“邛”族生息繁衍之地，古蜀国国王鳖灵也曾在此“登高祭天”，之后汉代道家选中这里筑坛祭神。直到宋代，天台山逐渐形成儒、释、道“三教合流”的胜景，整座山上拥有道观、佛寺、官房多达108处，形成庞大的宗教山城，现今这里还有和尚衙门、和尚街、雷音寺、第一禅林等残存古迹。此外，红军长征时曾经在天台山战斗过，现今景区内还设有红军长征邛崃纪念馆，是成都唯一的红色旅游区。

11 黄龙溪古镇

川西古镇一绝

Tips

四川省成都市双流县黄龙溪镇 在双流客运中心乘坐808路班车到黄龙溪客运站下车，步行510米到黄龙溪古镇

四周山环水抱的黄龙溪古镇是一座有1700余年历史的川西古镇，古镇融会了迷人的巴蜀风光与田园美景，青石板铺成的古街两侧林立着众多青瓦木柱，栏杆窗棂镌刻精美的楼阁房舍。此外还有镇江寺、潮音寺和古龙寺三座古寺庙，与镇中的古街道、古树、古牌坊、古佛洞、古渡口、古崖墓、古民俗、古战场遗址、古三县衙门一同构成了黄龙溪古镇最为闻名的“十古”。

每年正月初一至正月十五期间，黄龙溪古镇都会举行多种娱乐活动，如耍火龙、彩龙、水龙等，场面十分热闹。值得一提的是，现今这里还保留着打更的习俗，每隔2小时打一次更，古朴的民风吸引了众多游人慕名而来。

12 柳江古镇

传统的四川古镇

★★★★ 

Tips
四川省眉山市洪雅县 在成都金沙车站乘坐班车在柳江古镇下

柳江古镇位于四川省眉山市洪雅县城西南的花溪河支流柳江两岸。古镇兴建于南宋时期，镇中有三古——古街、古树和古宅。这里的老街历史可以追溯到宋朝，古街两边栽植着不少高大的黄葛、麻柳等树木，其中很大一部分是树龄达几十年的老树，还有一棵黄桷兰已经有200多年的历史。曾家大院是镇子里最著名的老宅之一，由四个四合院构成，院中有观景台、八字龙门、小姐楼、书房、石牌坊等建筑，还设有牡丹园、荔枝园和休闲亭，可见当初院子主人的奢华生活。

13 望丛祠

历史悠久的古蜀帝王祠堂

★★★★ 

Tips
四川省成都市郫县望丛中路 成都新南门旅游集散地、茶店子汽车客运站乘班车在郫县下 ¥ 免费

郫县望丛祠是纪念古蜀国两位著名君主望帝与丛帝合葬的墓地和祠宇，其中帝陵祠内的望帝陵与丛帝陵相对而建，陵园内古柏苍翠，是四川最古老的帝陵。

西周末年，望帝杜宇在郫县建立了蜀国第一个有文字记载的都城——杜鹃城，最初望帝祠位于都江堰二王庙，南北朝时期迁到郫县。现今呈现在游人面前的望丛祠建于清代道光年间，祠内的园林完全按望帝教民务农、丛帝率民治水之意修建，亭台水榭与楼阁拱桥无不精巧别致。

14 平乐古镇

四川省十大古镇之一

Tips

四川省成都市邛崃市平乐镇 成都新南门旅游集散地乘班车在邛崃下，之后换乘巴士前往平乐 ¥ 免费

平乐古镇古称平落，传说早在史前蜀王开明氏在位时，平乐所在的地区就因修水利、兴农桑而得名，《尚书·禹贡》中还有大禹在这里治水的记载。在秦汉年间，这里就已经是川南蜀道、南丝绸之路上的一座重镇，2000余年来一直以其“秦汉文化，川西水乡”的独特风情闻名于世。现今在平乐古镇上有众多保存完好的明清时期川西古建筑，江边则是一排排吊脚楼。漫步在平乐古镇长满青苔的青石板路面上，沿街两侧古旧的瓦房和众多古朴的石桥无不向游人讲述着古镇悠久的历史。

四川
攻略HOW

Part.11 都江堰

建于2000多年前的都江堰由鱼嘴分流堤、飞沙堰溢洪道和宝瓶口引流工程三大部分组成，巧妙地解决了江水自动分流、自动排沙、控制进水流量等问题，是全世界唯一一处年代最久、留存至今、以无坝引水为特征的水利工程。青城山因林木青翠、雅致清静的山林犹如城池一样环形分布而得名，素有“青城天下幽”之称，是中国道教的重要发祥地之一。

都江堰特别看点！

第1名！都江堰！

100分！

★两千多年前的水利奇迹，全世界最古老的水利工程！

第2名！青城山！

90分！

★道教名山，“青城天下幽”！

第3名！天师洞！

75分！

★看青城山最著名的道观，天师道的祖庭！

01 都江堰

100分！

两千多年前的水利奇迹

★★★★★ 赏

地处都江堰市城西的都江堰位于成都平原西部的岷江中游，两千多年前，每当春夏山洪暴发的时候，成都平原由于河道狭窄常常发生洪灾。秦昭襄王五十一年（公元前256年），李冰任蜀郡太守，他主持修建了著名的都江堰水利工程，排除洪灾之患，为民造福。都江堰最主要的渠首工程由鱼嘴分流堤、飞沙堰溢洪道和宝瓶口引流工程三大部分组成，巧妙地控制了进水流量，解决了江水自动分流、自动排沙等问题，是整个都江堰灌溉系统中最关键的部分。都江堰展示了中国古代水利工程高超的施工水平，是全世界至今为止年代最久、唯一留存、以无坝引水为特征的水利工程。李冰父子的功绩也被千古传唱，而都江堰更被誉为独奇千古的“镇川之宝”。

Tips

四川省都江堰市城西 成都火车站广场、茶店子和西门车站乘专线车在都江堰下 028-87132090 ¥90元

02 青城山

90分!

道教名山

Tips

四川省都江堰市　青城山镇的公交车线路不多，有101、101a路及102路，三条运营时间均为6：30-19：30，票价1-2元　青城山都江堰联票180元/人 前山90元/人，后山20元/人

青城山因林木青翠、雅致清静的山林犹如城池一样环形分布而得名，素有“青城天下幽”之称。它是中国道教的重要发祥地之一，相传汉代道人张陵在此传道，依据《太平经》做道书，并根据巴蜀地区少数民族的原始宗教信仰，奉老子为教主，以《道德经》为经典，创立了五斗米道，又称天师道，被后世尊为天师，并改名为张道陵。青城山因此也成了天师道的祖山，历代天师均来青城山朝拜祖廷，青城山也被称为“第五洞天”。

03 天师洞

75分!

青城山最著名的道观

始建于隋朝大业年间的天师洞是青城山最著名的道观，相传东汉末年张天师曾在此讲经传道，唐代孙思邈、杜光庭也曾相继来此修道。唐代时改名为常道观，现存建筑是康熙年间由住持陈清觉主持重建的，主要建筑有山门、青龙殿、白虎殿、三清大殿、古黄帝祠、三皇殿、天师洞府等。

四川省都江堰市 都江堰市乘坐101、101a、102路公交车可到达青城山景区，景区内步行可到 ¥90元

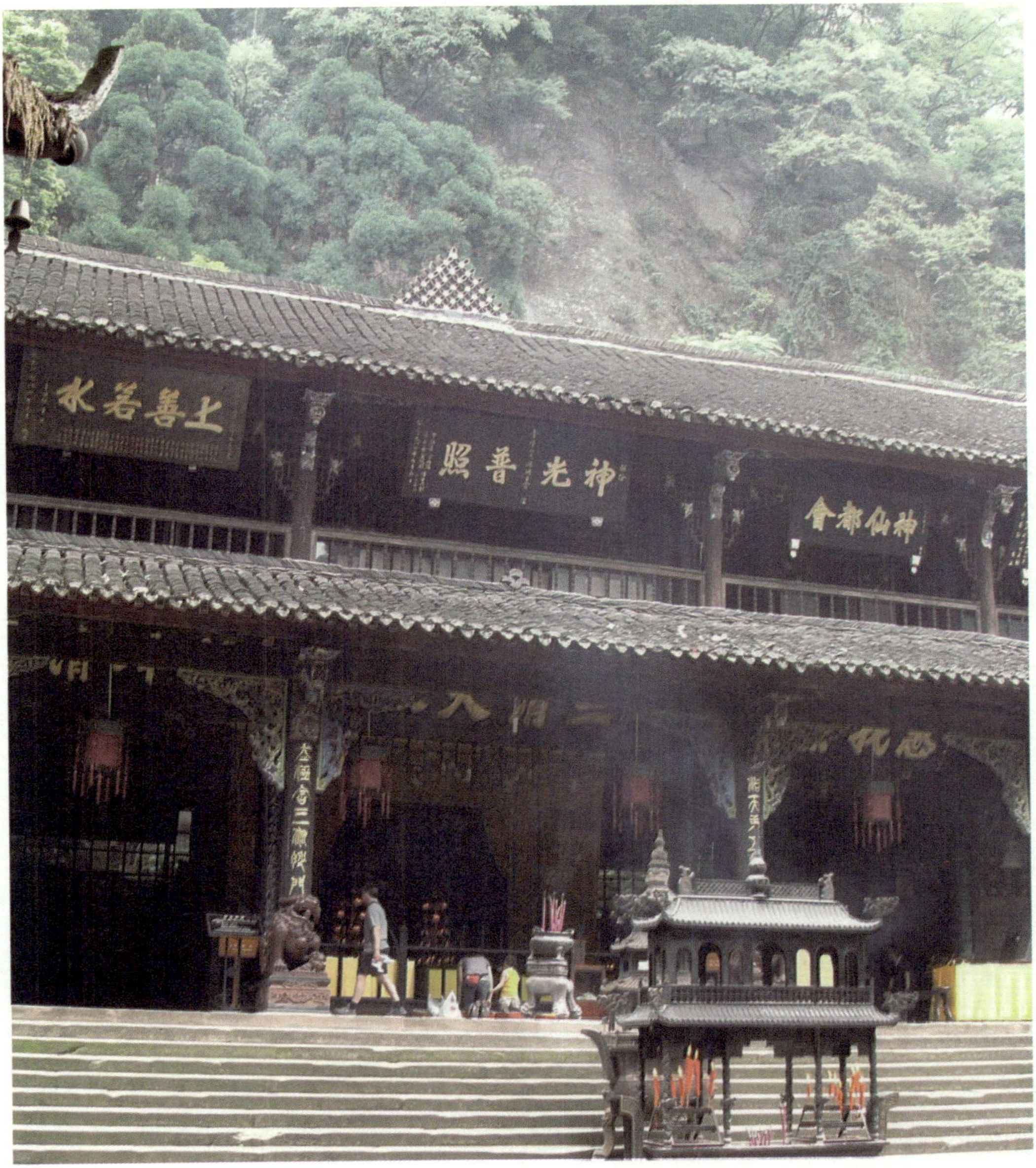

四川
攻略HOW

Part.12
绵阳

有“蜀道明珠”“富乐之乡”美誉的绵阳古称“涪城”“绵州”，传说黄帝的元妃——丝绸之母嫘祖和治水英雄大禹就出生在这里，而且历史上的针灸鼻祖涪翁、文昌帝君张亚子、宋代文坛领袖欧阳修等都是绵阳人。

绵阳特别看点！

第1名！药王谷！

100分！

★以中医养生为主题的游览景区，千奇百态的溶洞景观！

第2名！江油李白故里！

90分！

★李白度过童年的地方，纪念诗仙李白！

第3名！七曲山大庙！

75分！

★供奉文昌帝君的庙宇，梓潼最著名的寺庙！

01 绵阳科学城

●●● 展现“两弹一星”的奋斗场景

★★★★

绵阳科学城也就是中国工程物理研究院，1964年我国第一颗原子弹的爆炸成功就与这里工作人员的辛勤工作密不可分。科学城里拥有全国唯一一座核科学馆，在馆里展示了很多当年“两弹一星”计划中参与人员所使用过的物品，让人们可以体验到当时恶劣的环境。此外，在这里还有很多珍贵的历史资料，将那段人们隐姓埋名、艰苦奋斗的历史展现给每一个人。

Tips
四川省绵阳市游仙区 乘53路、54路、905路公交车可到 ¥30元

02 药王谷 100分!

以中医养生为主题的游览景区

药王谷是北川县附近群山中的一处美丽山谷，传说上古时代的中医始祖岐伯和后来的药王孙思邈都在这里采药。药王谷周围的人们也在这里供奉着药王菩萨，并且世世代代以采药为生。如今这里是我国第一个以中医养生为主题的游览景区，在药王谷的山顶上有一尊20多米高的白色药师佛像，是这里最显眼的标志，同时在景区内还有大大小小的溶洞，使得这里的景色更为新奇秀美。

Tips
四川省绵阳市北川羌族自治县 北川新老县城、江油市区有长途汽车站，通往周边各个方向，下汽车后可包车前往药王谷 ¥90元

03 平武报恩寺

历史悠久的文化古刹

平武报恩寺位于绵阳平武县东北侧，这是一座建于明朝正统年间的寺院，至今已经有近600年的历史了。人们可以通过一条长20多米的石级来到报恩寺，寺内建筑古朴典雅，深得明朝佛教建筑艺术的精髓。寺庙的主殿大佛殿位于庙北侧，这座楼阁式建筑分两层，上层通过一座天桥和寺主体相连，殿内主要供奉佛祖坐像和诸菩萨像，个个造型精致，极具艺术感。

Tips

四川省绵阳市平武县　绵阳中心站和平政汽车站乘长途汽车在平武县下　¥40元

04 七曲山大庙 75分!

供奉文昌帝君的庙宇

七曲山大庙是梓潼县最著名的庙宇，始建于晋朝，专门供奉文昌帝君，所以也有“文昌宫”之称。大庙在元、明、清三代屡次扩建，形成了如今1.2万平方米的规模，庙内也保留了不少这三朝时期的建筑。其中元代的盘陀石殿、明代的桂香殿、天尊殿，清代的百尺楼等都是研究古代建筑史的重要标本，极具历史和艺术价值。尤其是百尺楼，它高百尺，据说在古代可以和黄鹤楼等相提并论，十分雄伟壮观。

四川省绵阳市梓潼县 梓潼乘1路公共汽车在七曲山站下 0816-8229901 ¥40元

05 罗浮山

看“罗浮叠翠”的美妙景色

Tips

四川省绵阳市安县 绵阳乘班车在罗浮山下 ¥40元

罗浮山也称浮山，位于绵阳西侧，因其山色风光优美而获得了“小西天”“甲巴蜀”的美誉，尤其是山上绿树丛生，远远望去一片层层叠叠的翠绿色，所以就有了“罗浮叠翠”的景观。罗浮山除了自然风光美好外，山上还拥有不少佛教寺庙和道教殿宇，香火旺盛，人文氛围浓厚。此外，山上还有独特的羌寨景观，并保存有古代羌族与明朝交兵的古战场“羌王城”，是很具民族特色的古迹。

06 富乐山

绵州第一山

富乐山位于绵阳东郊，是古老的“剑门蜀道”的南段，三国时期刘备入蜀，和刘璋在这里饮宴，因为被山间美丽的风光所迷，所以将这里起名为富乐山。富乐山上山林泉石无一不有，被古代文人雅士誉为“绵州第一山”，包括杜甫、陆游、高庚等在内的著名诗人都在这里留下了咏叹的诗句。山中的汉皇园、益州园、绵州碑林、富乐阁、富乐园等更是为这里增添了不少皇家气派。

Tips

四川省绵阳市游仙区芙蓉路103号 乘46路公共汽车可到 0816-2284137 免费

07 汉平阳府君阙

蜀国重臣的墓地

★★★★

> **Tips**
> 四川省绵阳市游仙区芙蓉溪畔仙人桥 乘3、14、17、20、22路公共汽车在仙人桥站下 ¥15元

汉平阳府君阙位于绵阳城北，相传这里是三国时期蜀国重臣平阳亭侯李福的墓地，主要分为主阙和副阙两部分。虽然如今这两处建筑都已经风化严重，但是主阙上“汉平阳府君叔神道”的铭文尚依稀可辨，各种浮雕上的图案也十分精致，其内容大多都是各种佛像、力士像和代表吉祥如意的形象，这些图案雕工十分精细，其中人像衣襟飘飘，有一种要乘风而起的姿势，让人不由感叹古代巧匠们的水平。

08 白龙宫

形态万千的钟乳石洞

Tips

四川省绵阳市江油市含增镇　江油乘班车可到

0816-3465511　¥40元

白龙宫位于江油西部，传说这里是被哪吒打死的白龙被救活后，修道成仙的地方。事实上这里是一处美丽的溶洞景区，里面到处都能见到形态万千的钟乳石，在灯光的照映之下更会变化成各种人物、动物、景物的样子，真是宛如一个神话世界一般。正因为如此，当年《西游记》续集拍摄时，就将这里作为拍摄基地使用。

09 江油李白故里

90分!

赏 ★★★★★

李白度过童年的地方

江油是李白童年的居住地，他5岁时随父亲来到江油，在这里一直生活到25岁，度过了整个青少年时代，并在这里留下了很多关于他的痕迹，包括太白碑林、陇西院、太白祠、名贤祠、李白衣冠墓、磨针溪、洗墨池、粉竹楼、月园墓等。尤其是在太白碑林内收集了后世历代文人雅士赞咏李白的诗句碑刻2000多方，集后世对李白的敬仰之大成。此外，在这里还有李白纪念馆、太白公园等以李白命名的景点。

Tips

四川省绵阳市江油市紫云路 绵阳客运站乘班车在江油下 ¥40元

10 三台杜甫草堂

杜甫寄居过的草堂

Tips
四川省绵阳市三台县 乘10路、11路、16路、17路、18路、19路公交在老西门站下 0816-5281176

说起杜甫草堂，人们都会想起成都那座著名的杜甫草堂，但是在三台县也有一座杜甫草堂。杜甫在成都遭遇战乱后，来到相对安定的三台县，他在这里寄居了近两年时间，饱受颠沛流离之苦。如今的草堂是20世纪80年代，在明朝工部草堂的基础上修建的仿古园林，里面树影婆娑，花木扶疏，一派自然气息。同时这里还建有纪念杜甫的诗圣生平馆等建筑，是缅怀这位伟大诗人的好去处。

四川
攻略HOW

Part.13 宜宾&泸州

地理学上长江源头在四川省宜宾市，岷江、金沙江于合江门汇流而成长江，地处江畔的宜宾被誉为“万里长江第一城”。作为中外闻名的酒都，宜宾因五粮液而为世界所知，神秘的僰人悬棺和岩画更是吸引了无数游人慕名而来。

宜宾泸州特别看点！

第1名！大观楼！

100分！

★宜宾市的古老标志，气势雄伟的古建筑！

第2名！合江门三江汇合！

90分！

★欣赏三江交汇的胜景，万里长江的起点！

第3名！泸州佛宝古镇！

75分！

★四川保存旧时风情最为完好的古镇之一！

01 大观楼 100分！

宜宾市的古老标志

大观楼又名谯楼，位于宜宾市中心，一般认为建于明代，后来于清乾隆年间重修。这座楼高3层，脚下是一片广阔的高台，占地650平方米，居于古代几条主干道的中心，是古城区最重要的交通交会点。这座楼雕梁画栋，屋脊上装饰有飞禽走兽的雕刻，在第三层中檐下还挂有清朝著名书法家冀宣明所题写的“大观楼”匾额，书法雄健有力，和整座楼的气势十分贴合。

四川省宜宾市翠屏区南城西街45号 乘坐16路、18路、25路、27路、28路公交在大观楼站下 0831-8224462 ¥30元

02 宜宾白塔

浑身白色的宝塔 ★★★★ 赏

Tips

四川省宜宾市白塔山景区 乘坐公交车12路、24路到白塔山站下即可 0831-3581805

宜宾白塔巍然屹立于宜宾城东的登高山上，这座宝塔建于明朝隆庆年间，塔身为六边形，共分八层，高35.8米。因其通体呈白色，所以被称为白塔，同时和南边的黑塔遥遥相对，一黑一白遥相呼应，成为一处颇具特色的景点。这座塔的建造工艺十分精致，在塔身内有各种形象的佛教浮雕。登临塔顶，宜宾远近风光尽收眼底，让人立时觉得神清气爽。

03 五粮液酒厂

中国驰名品牌的诞生地 ★★★★ 赏

四川省宜宾市翠屏区岷江西路150号 乘2路公共汽车在五粮液站下 831-3553988

宜宾除了是三江交汇之处，还是举世闻名的酒都，五粮液就是出自这座历史悠久的古城。位于市郊的五粮液酒厂因为其优美的自然环境、设计精巧的雕塑、具有现代感的大楼而日益成为外来游客争相探访的旅游景点。在酒厂中央的鹏程广场，可以看到一座巨大的酒瓶式建筑，这座楼高66.8米，是世界上最大的瓶式建筑物，样子就是五粮液酒瓶的模样，让人看了不禁叹为观止，赞叹五粮液人的雄心壮志。

04 黑塔

和白塔遥相呼应的黑色佛塔 ★★★★

Tips

四川省宜宾市城东 乘3路公交车在南客站下

黑塔位于宜宾登高山南侧的七星山上，所以也称七星山塔，这座建于明嘉靖年间的宝塔一直和北岸的白塔被视作姐妹塔，它们遥相呼应，黑白分明，十分有趣。黑塔塔身外观为八边形，目前尚存7层，高30米，因为整个宝塔是用铁青色的砖石砌成，多年来一直没有施以涂料，所以通体黝黑，才有了“黑塔”之称。塔内设计了很多空室，里面存放着各种佛龛和浮雕，都是十分精美的艺术品。

05 僰人悬棺

千年未解的悬棺之谜 ★★★★★

Tips

四川省宜宾市珙县 乘火车在珙县下 ¥20元

僰人悬棺位于珙县境内，“悬棺”是古代僰人的一种传统殡葬手段，200多口黑色的巨大棺木如从天而降一般分布在山壁之上。一般地位和身份越高的人，其棺木在山壁上所处的位置也越高，同时在棺木的周围还装饰有红褐色的壁画。这些放置悬棺的山壁光滑陡峭，很难想象古人是怎样搬运着沉重的棺木放到这里的，这也成为永远难解的千年之谜。

06 流杯池公园

●●● 仿造《兰亭集序》的意境而造的水池

Tips

四川省宜宾市岷江北岸天柱山下 乘坐4路、6路、12路、13路、19路、20路、24路、30路公交到达 0831-3520329 ¥免费

流杯池公园位于岷江北岸的天柱山下，这里是北宋文学家黄庭坚仿造王羲之在《兰亭集序》中描写的兰亭的意境修建的。整个公园以中央的流杯池为中心，这处池塘特地做成九曲流觞的形式，旁边设有石凳，可以想象当年古人在这里饮酒吟诗的场景。水池两侧有两条长廊，长廊中到处都是宋、元、明、清历代文人雅士们的题记与碑刻，或许其中就有在这里作出的美妙诗篇呢。

07 合江门三江汇合

90分!

●●● 欣赏三江交汇的胜景

★★★★★

Tips

四川省宜宾市合江门　乘3路公共汽车在水东门站下

合江门是宜宾最重要的码头之一，在这里金沙江、岷江、长江三条河流汇为一体，从此金沙江和岷江两条河流完成了它们的使命，而长江从这里才真正地能被称为长江，从此一泻千里，东流入海。所以宜宾才被人们称作“万里长江第一城”，这里也被认为是长江的起点。在这里人们可以看到两条滔滔大江从天边奔流而来，然后汇集在一处，声势极为浩大，让每个看到这种景象的人都不由得心绪激动。

08 泸州佛宝古镇

75分!

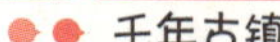

●●● 千年古镇

★★★★★

Tips

四川省泸州市合江县境内　泸州客运站乘班车可到

泸州佛宝古镇是四川旧时风情保存最为完好的古镇之一，素有“四川省最美丽的古镇”之称。这座古镇依山傍水，景色秀美，尤其到了细雨纷飞的时节，天地之间就如同一幅轻描淡写的山水画，极富意境。回龙街是一条充满晚清特色的古街，漫步在青石板路上可以看到回龙桥、三宫八庙、惜字亭等景物，还能购买具有当地特色的各种手工艺品。

09 夕佳山民居

湖北富商的豪宅

逛 ★★★★★

四川省宜宾市江安县夕佳山　宜宾南门客运站乘车在夕佳山下　¥免费

位于宜宾江安县的夕佳山民居是明朝时候湖北富商黄氏修建的宅院，经过数代人的不断扩建，成为占地超过1万平方米，共有房舍100多间的巨大住宅群落。在这处民居里，以正中央的主厅为中心，分出18个大小不等的四合院，每个院落里都主次分明，布局十分严谨。每间屋子上的精美雕饰都是看点，这些形象各异、内容生动的雕刻反映了当时人们的日常生活，极具艺术价值。

10 真武山古庙群

著名的道教名山

Tips
四川省宜宾市翠屏区 搭乘市内公交2路、3路可到达目的地 ¥1元

真武山原名仙侣山、师来山、元武山，全部和山上的神仙传说有关，在明朝时山上修建了真武观，所以最终定名为真武山。自那时起，这里就成了川南最著名的道教名山，香火最盛时坐拥飞来寺、牛王庙、半边寺、遇仙楼等庙宇十二座，如今这些古庙存留八座，构成了真武山古庙群。这些古庙虽然建筑古老，但是布局严谨，建筑精巧，装饰华丽，从中还能一窥当初香火旺盛时的盛景。

11 蜀南竹海

看竹海翻腾的胜景

风光秀美的蜀南竹海位于长江上游，占地超过120平方公里。在这片区域中生长着大量的翠竹，微风拂过，轻柔的竹叶在风中上下飞舞，竹子左右摇曳，好像大海中翻出的浪花一般层层叠叠，所以才有了“竹海”的美誉。除了竹林外，这里还有碧绿的湖泊、迷人的飞瀑、自由自在的野生动物，仿佛是一处世外桃源一般，让人不禁沉醉其中。

四川省宜宾市长宁县Q11县道 宜宾市南客运站乘班车在蜀南竹海下 0831-8885199,0831-4980456 ¥110元

12 李庄古镇

保持清朝风貌的古老城镇

★★★★

Tips

四川省宜宾翠屏区李庄镇 宜宾南岸客运站乘公共汽车在李庄下 0831-2441234 ¥20元

李庄是一处古老的城镇，早在汉朝时期这里就已经开始设置驿站，后来更成为长江沿岸重要的交通和运输枢纽。如今，这里依然保持着清朝时期的古老风貌，在石板铺就的路上，游人随处都能看到历史悠久的古老建筑，欣赏它们高耸的山墙、美丽的雕花门窗，感受这种古色古香的韵味。同时在每座院落之间还有幽深的小巷，看着这里的居民们依然遵循传统的生活方式，让人不由生出一种穿越时空的错觉。

13 筠连岩溶

赏 ★★★★

奇幻的筠连三绝

筠连岩溶位于四川盆地最南端，紧邻云贵高原，独特的地理位置造就了岩溶地貌的奇观。其中黄金坝巡司温泉、海赢潮涌泉和仙人洞地下梯田更是被誉为“筠连三绝”。在这里可以看到大自然鬼斧神工雕刻而成的山峰山崖、奔涌不息的汩汩温泉、变化多端的神奇岩洞等，身处这个梦幻的世界中，很容易就会被眼前那摇曳多姿的景物所吸引。

Tips
四川省宜宾市筠连县 宜宾西门汽车站乘班车在筠连县下 ¥40元

14 泸州老窖国宝窖池

★★★★

历史悠久的酒窖

泸州老窖是中国名酒之一，它的四口老酒窖建于明代万历年间，是国内唯一成为全国重点文物保护单位的酒窖。这四口酒窖看起来并不起眼，长3.8米，宽度和深度都是2.4米，窖池的两个地坑是供粮食发酵的地方。这些古老的酒窖在几百年间从未间断过使用，一靠近这里，游人们就会闻到清淡的酒香。

Tips
泸州市江阳区营沟头泸州老窖股份有限公司一车间 ¥20元

四川
攻略HOW

Part.14 自贡

拥有2000多年盐业历史的自贡享有“千年盐都”的美誉，现今城内石板铺成的老街区内还有各种盐业同乡、同行帮会馆、采卤木质井架天车等。此外，自贡还有“恐龙之乡”和“南国灯城”的美誉，是天府之国的一颗璀璨明珠。

自贡 特别看点！

第1名！ 燊海井！

100分！

★世界上第一座深达千米的盐井，千年盐都的标志！

第2名！ 自贡恐龙博物馆！

90分！

★看各种恐龙化石，世界三大恐龙博物馆之一！

第3名！ 荣县大佛！

75分！

★世界上第二大佛像，世界第一座石刻释迦牟尼佛像！

01 自贡恐龙博物馆 90分！

看各种恐龙化石

自贡是我国最著名的“恐龙之国”，自贡恐龙博物馆更是世界三大恐龙博物馆之一，也是目前全国唯一一座以恐龙化石为主体的博物馆。这些陈列的恐龙化石大多是在附近地区发现的，包括著名的“李氏恐龙”“多齿盐都龙”“天府峨眉龙”等，在博物馆里人们可以和这些巨大的化石做近距离接触，感受这些曾经称霸地球生物的庞大身形。

四川省自贡市大山铺镇238号 0813-5801234
乘15路公交在恐龙馆站下 ¥20元

02 彩灯博物馆

赏

五彩缤纷的彩灯 ★★★★

自贡是著名的彩灯之乡，彩灯文化源远流长。位于彩灯公园内的彩灯博物馆就是一座专门向人们介绍彩灯历史的地方。这座博物馆分序厅、中国彩灯历史厅、中外彩灯风情厅、自贡彩灯精品厅四大部分，在这里可以看到我国历史上出现过的多种彩灯，包括纸、丝、绢、绸、缎等各种材质制成的灯。灯的造型也各不相同，涵括了天南海北各种动物和人物。除此之外，这里还有很多现代彩灯的精品，点亮后更加五彩缤纷，让人眼花缭乱。

四川省自贡市自流井区解放路公园路6号 0813-2305061 乘1、2、301、302、305、31、35、37、39、5、801、9路公交在彩灯公园站下

03 盐业历史博物馆

了解自贡悠久的制盐史

★★★★

自贡是我国历史悠久的盐都，人们开采井盐的历史已经超过千年。这座盐业历史博物馆前身是一座西秦会馆，是清乾隆时期由陕西盐商捐资修建的。它本身就是一座极有历史价值的建筑，结合了明清两代宫廷和民间建筑的精髓，里面原来供奉着关帝。如今这里通过复制古代盐场，利用声、光、电等多媒体效果，将古人采盐制盐的过程展示出来，真实呈现了千年来盐业的发展历程。

四川省自贡市中心解放路107号 0813-2202083 ¥20元 乘市区旅游专线、10路公交到四医院站下；或乘33路到沙湾站下

04 燊海井

世界上第一座深达千米的盐井

燊海井是一座始建于清朝道光时期的盐井，历时十三年方凿成，它深1001米，是当时世界上第一座超过千米深的盐井。除了生产盐卤外，这里还出产天然气等重要资源。如今燊海井经过维护和修复，基本恢复了原貌，现存有碓房、大车房、灶房、柜房等主要建筑，里面展示着当时生产用的碓架、井架、大车、盐锅、盐仓、采输气设施等，同时还向人们表演当时的井盐钻凿、天然气采输、采卤、煎盐等传统技术和工艺，是自贡这座千年盐都的最好代表。

Tips

四川省自贡市大安区 0813-5109095
22元 乘10路、35路、3路、31路、7路公交可直达景区

05 荣县大佛

75分!

世界第二大佛像

荣县大佛位于荣县县城东郊，和著名的乐山大佛相距不远。这是世界上最大的一座石刻释迦牟尼佛像，也是仅次于乐山大佛的世界第二大佛像。整座佛像高36.6米，嵌于崖壁之上，和大山浑然一体，并且与不远处的乐山大佛遥相呼应，相映成趣。大佛身边还有大佛寺，这是一座唐朝所建的庙宇，整座寺庙依据大佛形象而建，巍巍丛林和大佛互相照应，蔚为壮观。

Tips

四川省自贡市荣县旭镇大佛山 0813-6160101

¥ 60元 乘坐荣县3路公交到大佛桥站下

06 仙市古镇

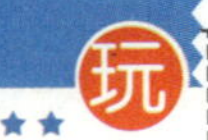

玩

传说中仙女化身的市镇

★★★★★

Tips

四川省自贡市富顺县仙市镇

仙市古镇传说是一位仙女下凡化身而成，这里山清水秀，曾经是自贡盐业运输的交通要道，被认为是盐路上的一颗明珠。如今这儿依然保持着传统的古老风貌，以四街、五栈、五庙、一祠、三码头、一鲤三牌坊、九碑十土地等古建筑为中心，充满了文化韵味。尤其是各种寺庙和祠堂，个个雕梁画栋，上面布满了各种飞禽走兽、花鸟鱼虫的雕饰，造型栩栩如生，堪称我国古代建筑艺术的集萃之处。

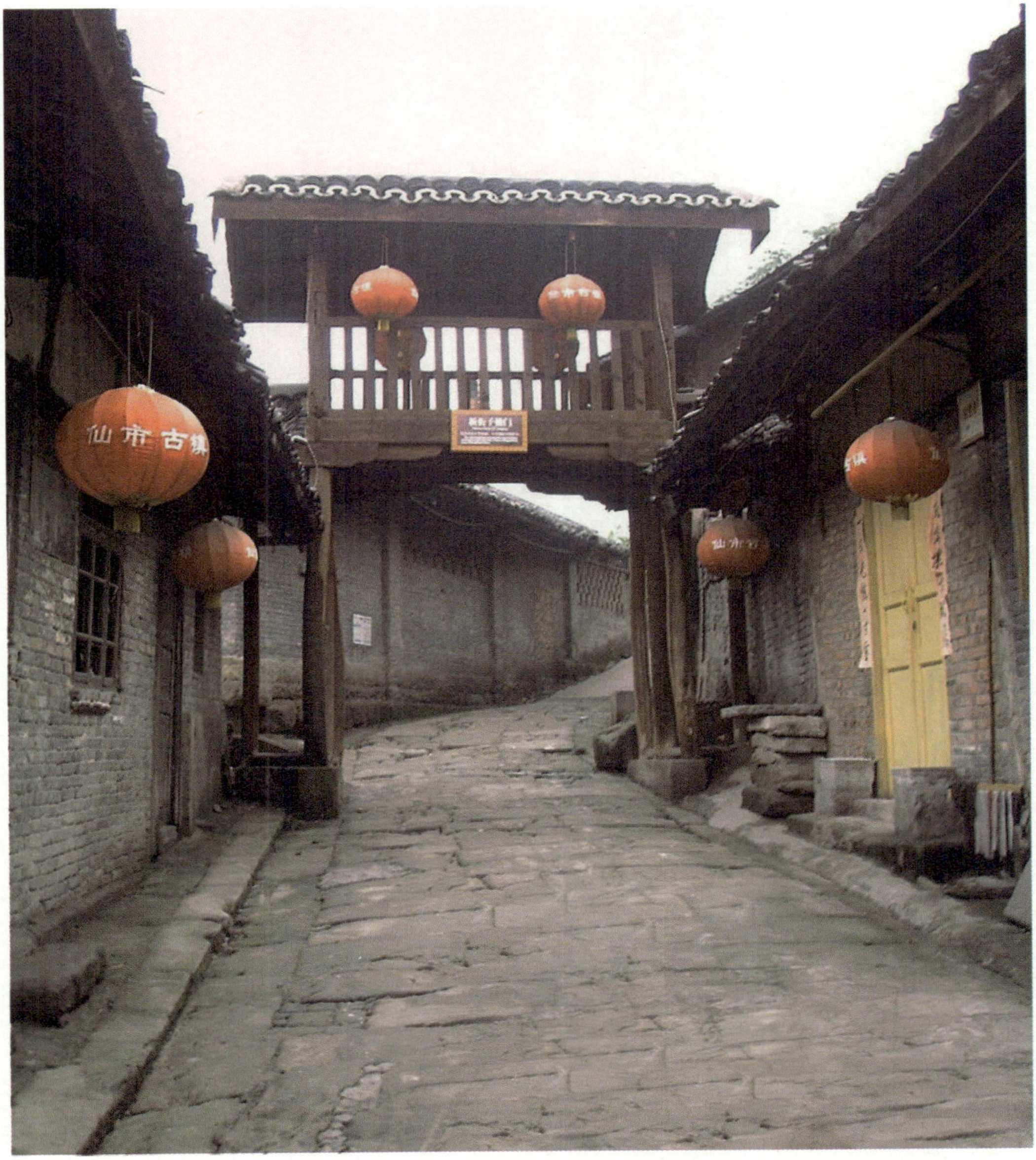

四川攻略HOW

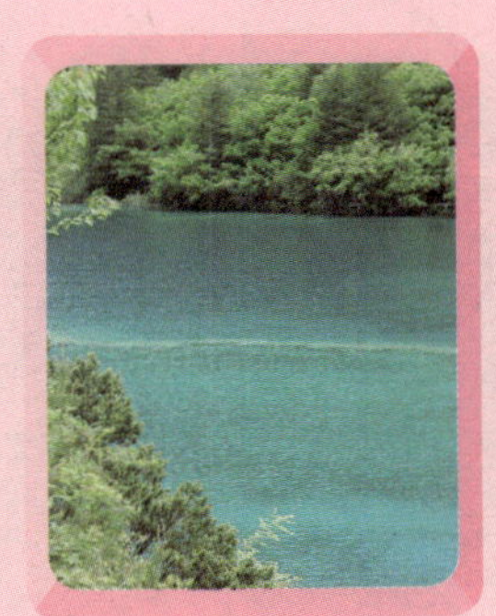

Part.15 阿坝藏族羌族自治州

阿坝藏族羌族自治州地处青藏高原东南缘，最负盛名的自然景观当属九寨沟黄龙风景名胜区。除了优美的风景外，当地独具特色的少数民族风情也吸引了无数游人光顾。

阿坝藏族羌族自治州 特别看点！

第1名！

四姑娘山！

100分！

★四座姐妹般并列的雪山，“东方的阿尔卑斯山”！

第2名！

卧龙自然保护区！

90分！

★大熊猫生活的地方，与大熊猫亲密接触！

第3名！

5·12汶川地震震中遗址！

75分！

★纪念5·12大地震的独特纪念馆，缅怀死难民众！

01 格尔底寺

隔河相望的奇妙寺庙

★★★★★ 

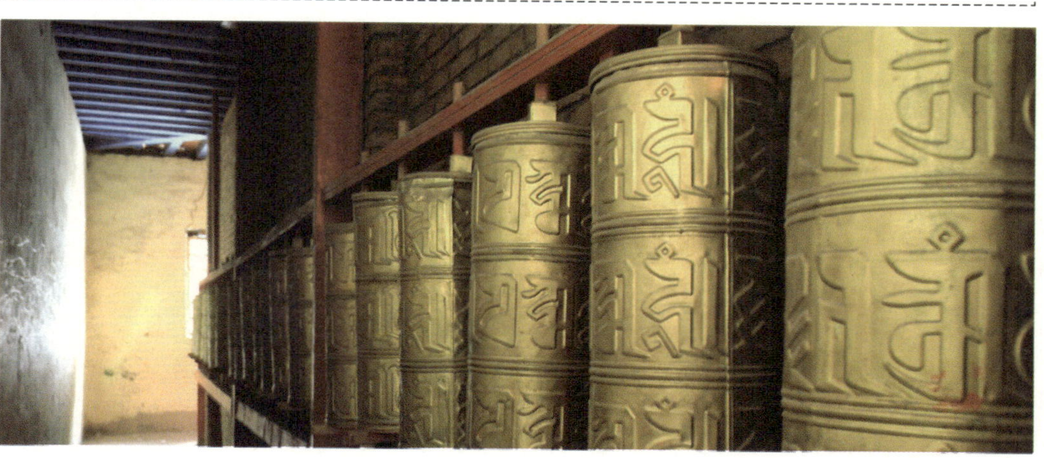

大名鼎鼎的郎木寺横跨川甘两省，位于四川境内的这部分就是格尔底寺。它是一座藏传佛教格鲁派的寺庙，造型古朴典雅，并结合了汉藏两族的建筑风格特色，是难得的建筑精品。格尔底寺内还有许多藏传佛教的宝物，其中以五世格尔底活佛的肉身灵体最为珍贵，其他还有原版经书、高僧们所使用过的法器等物。

Tips
四川省阿坝藏族羌族自治州阿坝县

02 四姑娘山

100分!

四座姐妹般并列的雪山

位于小金县境内、属邛崃山脉的四姑娘山由四座婀娜多姿如少女的山峰组成。传说这里有四位美丽的少女，为了保护当地的人和动物，与邪恶的妖魔不断地斗争，最后一起化作山峰镇压住妖魔，成为众人所赞颂的四姑娘山。

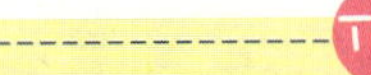

Tips
茶店子车站乘坐开往小金的班车在达维镇下
0837-2791575 2791106 ¥70元

这四座山峰终年积雪，宛如少女头上披的白纱一般。海拔从大姐峰到四妹峰逐渐抬高，主峰四妹峰海拔为6250米，因其神秘而圣洁的外观而被称为“东方的阿尔卑斯山”。对于游客们来说，四姑娘山的挺拔雄伟、皑皑白雪和周围的蓝天白云都是他们所钟爱的，每年来到这里登山、野营的游人数以千计，让已经沉睡了数千年的四姑娘山周围变得生机勃勃，充满欢笑。

03 毕棚沟

保持原始风貌的自然景区

毕棚沟位于四姑娘山的山脚，在这里人们可以欣赏到高大挺拔的雪山景观，也能感受到淳朴的山林风情。漫步在景区内可以看到挺拔的树木与连绵不绝的草原，一朵朵鲜花散发着淡淡的香气，还有清幽的水潭、池塘点缀其间。毕棚沟里有女皇峰、才女十二峰、杜鹃山等奇峰怪岩，还有冰川和瀑布景观，独特的棚子和滩坪则能给游客们带来新奇的感受。

Tips
成都茶店子车站乘班车在理县下车 ¥60元

04 红原

保持着原始风情的红色旅游景点

Tips
四川省阿坝藏族羌族自治州红原县

红原境内的日干桥大沼泽是若尔盖湿地的一部分，也就是红军长征时所经过的草地，至今仍完好地保存着古朴的自然风貌。月亮湾是红原县最著名的景区，一条长河蜿蜒流淌着，好像几个相互连接的月牙，附近的草原一望无际，颇有一种“风吹草低见牛羊”的感觉。高大的亚克夏山北坡的垭口上有一座红军烈士墓，是我国海拔最高的红军烈士墓。

05 桃坪羌寨

保存完好的羌族古寨

Tips

四川省阿坝藏族羌族自治州理县桃坪乡 汶川县城乘中巴车在桃坪乡下 ¥60元

羌族是一个古老的民族，而桃坪羌寨就是保存该民族传统文化最为完整的地方。这座古寨的建筑历史十分悠久，简朴的石屋簇拥着高大的碉楼，并巧妙地融为一体，漫步其间犹如走在迷宫一般。来到桃坪羌寨可以购买到精美的羌族刺绣，欣赏到奔放的羌族歌舞，还能品尝到当地风味的佳肴。这里的羌笛表演被列入了《国家非物质文化遗产名录》中。

06 花湖

热尔大坝草原上的明珠

Tips

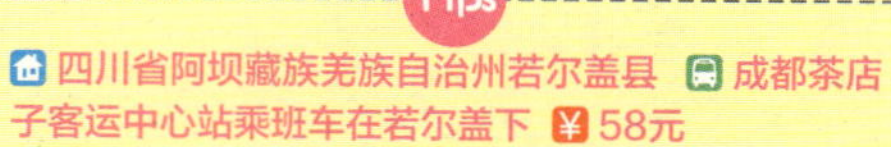

四川省阿坝藏族羌族自治州若尔盖县 成都茶店子客运中心站乘班车在若尔盖下 ¥58元

花湖是热尔大坝草原中的一个天然湖泊，被誉为中国最美的湿地景区。来到景区内会被如诗如画的美景所吸引，湖畔的鲜花盛开在翠绿的草原之中，天空中飘过的朵朵白云倒映在湛蓝色的水面上，具有无与伦比的美感。夏季是花湖最具魅力的时刻，湖畔有着鲜艳的色彩，宛如云霞般灿烂。

07 米亚罗风景区

好玩的坝子

Tips

四川省阿坝藏族羌族自治州理县 成都西门车站或茶店子车站乘班车在米亚罗下 ¥30元

米亚罗在藏语中译为“好玩的坝子”。米亚罗风景区内拥有着大片的红叶林地，它们的种类繁多，分布层次均匀，山谷上下林海浩瀚，空气清新，四季风光宜人。漫步在景区内会被这里的无边美景所吸引，雪山云海、高峰低湖应有尽有，还有众多的野生动物在林地、山沟间出没。景区内还有多个藏羌村落，游人们在这里不仅能够欣赏独特的民俗风情，还能品尝各种风味佳肴。

08 5·12汶川地震震中遗址

75分!

纪念5.12大地震的独特纪念馆

Tips

四川省阿坝藏族羌族自治州汶川县映秀镇

5·12汶川地震震中遗址位于汶川县映秀镇，小镇路口处矗立着一块写着“5·12震中映秀”几个大字的巨大石头，它是地震时从山坡上飞落下来的，已经成为遗址的标志。来到这里的人们可以前往“地震壁画”“5·12断桥”“汶川大地震震源点”等景观处参观。地震带给这里的灾难场景被完好地保存了下来，能够使参观者感受到平静生活的可贵。

09 大藏寺

位于高山之上的古老寺庙

★★★★

四川省阿坝藏族羌族自治州

大藏寺是一座藏传佛教的寺庙，它建于15世纪初，迄今已有近600年的历史。这座寺庙的海拔高度有3000多米，它是格鲁派的主庙之一，受到了历代帝王的尊崇。漫步在寺庙内可以看到独特的藏传佛教建筑和高大的佛塔，欣赏到各种精美的装饰，那些由明清两代皇室赏赐下来的珍品，令人惊叹不已。

10 卓克基土司官寨

保存最为完好的土司官寨

★★★★★

Tips

四川省阿坝藏族羌族自治州马尔康县 ☎ 0837-2829190 ¥ 30元

卓克基土司官寨建于20世纪30年代，是我国保存最为完好的土司官寨，因此被列入全国重点保护文物的名单之中。这座官寨是典型的藏式建筑，四座碉楼围成一个汉式四合院，正门外有一根高大的旗杆。漫步在官寨内可以看到昔日土司生活的情景，也能看到红军在此留下的痕迹。主楼里还有一个介绍当地民风民俗的展览馆。

11 卧龙自然保护区

90分!

大熊猫生活的地方

Tips

四川省阿坝藏族羌族自治州汶川县西南部

成都西门车站乘长途车在卧龙下 ¥60元

卧龙自然保护区是我国最大的大熊猫栖息地，被列入了联合国的《世界遗产名录》中。这里景色秀美，既有高大挺拔的雪山，也有奔腾不息的河流，还有茫茫的林海，以及穿行其间的野生动物。来到景区内，游人们可以前往著名的大熊猫博物馆，与这种憨态可掬的动物做亲密接触，也能前往藏羌等少数民族的山寨，感受那里的淳朴风情。

12 格尔登寺

气势雄伟的佛教寺庙

赏 ★★★★★

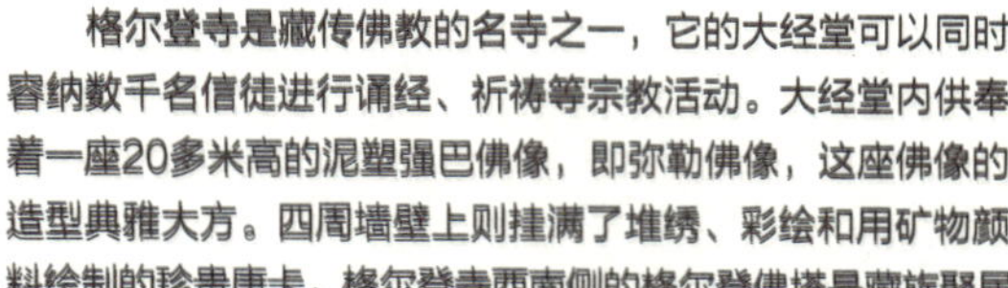

格尔登寺是藏传佛教的名寺之一，它的大经堂可以同时容纳数千名信徒进行诵经、祈祷等宗教活动。大经堂内供奉着一座20多米高的泥塑强巴佛像，即弥勒佛像，这座佛像的造型典雅大方。四周墙壁上则挂满了堆绣、彩绘和用矿物颜料绘制的珍贵唐卡。格尔登寺西南侧的格尔登佛塔是藏族聚居区最大的佛塔之一。

Tips

四川省阿坝藏族羌族自治州阿坝县　成都茶店子车站乘班车在阿坝县下　¥20元

13 郎依寺

宁静祥和的寺庙

坐落在群山环抱之中的郎依寺是苯教的寺庙，建筑华丽典雅，是拍照留念的好地方。大经堂是这里的核心景点，里面供奉的是苯教教祖敦巴幸饶的巨型塑像，两侧则是他的铜像，总计有1113尊之多。漫步在大经堂内还能看到墙壁上悬挂的精美壁画，它们讲述着苯教的历史和教义。

Tips

四川省阿坝藏族羌族自治州阿坝县 成都茶店子车站乘班车在阿坝县下 ¥20元

14 达古冰川

气势磅礴的冰川

达古冰川位于达古雪山上，是一系列年轻的现代冰川的统称。从山脚下的原始森林出发，沿途可以看到色彩鲜艳的杜鹃林和清澈洁净的东措日月海。接着来到雄伟壮观的一号冰川，它是全球海拔最低、面积最大、年纪最轻、最靠近城市的冰川，而且附近的生态环境保护得很好，没有多少人类踏足的痕迹，附近还有冰蚀湖、瀑布等景观。

Tips

四川省阿坝藏族羌族自治州黑水县芦花镇三达古村 ¥200元

四川
攻略HOW

Part.16 九寨沟&黄龙

九寨沟海拔在3000米左右，遍布着数百处被称为“海子”的秀美湖泊，以翠海、叠瀑、彩林和雪峰等自然景观闻名，素有“人间仙境”之称！与九寨沟齐名的黄龙景区以奇、绝、秀、幽的自然风光而闻名世界，其规模宏大的钙华景观可谓举世无双，被誉为“人间瑶池”！

九寨沟黄龙 特别看点！

第1名！ 九寨沟！

100分！

★美不胜收的人间仙境，中华水景之王！

第2名！ 黄龙！

90分！

★人间瑶池仙境，举世无双的钙华景观！

第3名！ 松潘古城！

75分！

★千年历史的高原古城，保存完好的古城！

01 九寨沟 100分！

美不胜收的人间仙境

周围雪峰林立的九寨沟海拔在3000米左右，遍布着数百处被称为“海子”的秀美湖泊，这些大小不一的海子虽然深达数十米，却依旧清澈见底，最令人叫绝的是水色各异。淙淙流淌的溪水汇聚成众多飞泻而下的瀑布，它们相互串联在一起，与周围随处可见的大片原始森林一同营造出宛如人间仙境般的美丽景致。

四川省阿坝州九寨沟县 成都新南门汽车站或茶店子车站乘空调客车在九寨沟下 0837-7739529 ¥220元

02 黄龙

90分!

人间瑶池仙境

★★★★★

与九寨沟齐名的黄龙景区以奇、绝、秀、幽的自然风光闻名世界。此外，景区内大小不一的海子千姿百态，池中有老藤、青松、柏木，形态婀娜。整个景区几乎都被乳黄色的碳酸钙覆盖，宛若一条飞腾而下的黄龙。

四川省阿坝松潘县黄龙瑟尔嵯寨 成都新南门客运站乘客车在松潘换乘班车前往黄龙 0837-7249222 ¥110元

相传，黄龙真人曾经在这里修道，并居住在黄龙洞中，如此也就不难解释为何黄龙地区有如此景致，宛如仙境，被誉为“人间瑶池”。当地有古人题联“玉障参天一径苍松迎白雪，金沙铺地千层碧水走黄龙”，堪称此地风景的写照。

03 松潘古城

75分!

千年历史的高原古城

Tips

四川省阿坝松潘县 成都新南门客运站乘客车在松潘下 ¥古城楼30元

始建于唐代的松潘古城历史悠久，明洪武十二年（1379年）建立松潘卫后其名沿用至今，是一座已有千年历史的古城。有“高原古城”之称的松潘古城兴盛于唐代，因城外长满参天松柏而又被称为松州城。自古这里就是内地与西羌吐蕃茶马互市的重要集散地之一，同时还是甘、陕、青、川四省交界的边陲重地。古城至今还有保存完好、规模宏伟的古城墙，三道古城门，两座古城楼和一座瓮城，城墙内的古城街巷众多，随处可以看到数百年历史的古桥。此外，临江门旁的石壁上还镌刻着崇祯十六年（1643年）关于减免苛赋的布告，展示出厚重的历史古韵。

04 雪宝顶

藏民敬仰的神山

Tips

攀登雪宝顶没有固定线路，每年7、8月是最好的登山季节，出发前需找当地人做向导；或是在松潘找马夫骑马前往，骑马与吃住费用100元/天

海拔5588米的雪宝顶是岷山山脉的主峰，又被称为雪宝鼎，被当地藏民称为“夏尔冬日”，意为东方海螺山，是一处以雪山、现代冰川和褡裢海交相辉映的景观。雪宝顶与一旁毗邻的三座海拔超过5000米的大山连成一线，山顶云海茫茫，山脚的丛林中则是一派生机盎然，岩羊、盘羊等动物栖息在这里，高山湖泊星罗棋布，景色秀美。此外，雪宝顶还是当地藏民敬仰的一座神山，每年六月十五日和六月二十五日的朝山期，藏民都会来这里朝拜。

05 牟尼沟

风景优美的自然景观和独特的藏族风情

★★★★★ 赏

牟尼沟景区最高海拔4070米，最低2899米，整个景区分为上下两段，以钙华瀑布、高原溶蚀陷落湖、彩池、硫黄温泉、石钟乳溶洞、原始森林、高山草甸等自然风光和藏传佛教寺庙为主的藏族风情为主。牟尼沟内最为著名的景点就是扎嘎瀑布和二道海。扎嘎瀑布是中国最高、最大的钙华瀑布，整条瀑布分为三段，飞奔而下的水流形成数百个层叠的环形小瀑布，散布于周围的冷杉和雪松之间，构成一幅奇妙的瀑布美景。位于牟尼沟末端的二道海毗邻扎嘎瀑布，这里高山湖泊众多，被誉为“三步一湖、五步一水”，星罗棋布的湖泊周围点缀着森林、溶洞和草甸，风景美不胜收。

Tips

四川省阿坝松潘县 成都新南门客运站乘客车在松潘下，然后包车前往 ¥100元

四川
攻略HOW

Part.17 广元

地处川北与陕西、甘肃三省交会处的广元自古以来就是兵家必争之地，这处历史悠久的川北第一重镇拥有天下闻名的雄关——剑门关和绝壁天险的蜀中古栈道，还有祭祀女皇武则天的寺庙和被誉为“历代石刻艺术陈列馆”的千佛崖。

广元 特别看点！

第1名！剑门蜀道！

100分！

★古代蜀道的残留，蜀道难，难于上青天！

第2名！剑门关！

90分！

★名震天下的雄关，一夫当关万夫莫开的险要关隘！

第3名！千佛崖！

75分！

★规模庞大的石窟造像群，历代石刻艺术陈列馆！

01 翠云廊

树荫下的古蜀道

★★★★★ 赏

翠云廊是古蜀道上绿化最好的一段，这里自秦朝开始，先后进行了7次大规模的植树活动，至今还保存着多株秦代古柏。这个景区是国家重点风景名胜区，它的历史悠久，现在的道路宽度就是由当年的秦直道所决定的。翠云廊的柏树形态各异，许多古树还有着动人的传说，其中一棵高24米、干粗6.7米的柏树被命名为“古柏王”。

> Tips
> 四川省广元市剑阁县 广元汽车站乘班车在剑门关风景区下 ¥50元

02 剑门蜀道

100分!

古代蜀道的残留

“蜀道难，难于上青天”是诗仙李白对蜀道的感叹，而剑门蜀道就是感受这一古代栈道的最佳地点。来到这里的游客可以看到悬挂在山崖一侧的独特道路，这就是大名鼎鼎的蜀道，它的地势险要，四周重峦叠嶂，风光奇险秀丽。这段道路的底部悬空，游人们走在上面颇有惊心动魄之感，天险剑门关、剑阁都是沿途的必经之地。

> Tips
> 四川省广元市剑阁县 广元汽车站乘班车在剑门关风景区下

03 剑门关

90分!

名震天下的雄关

★★★★★ 赏

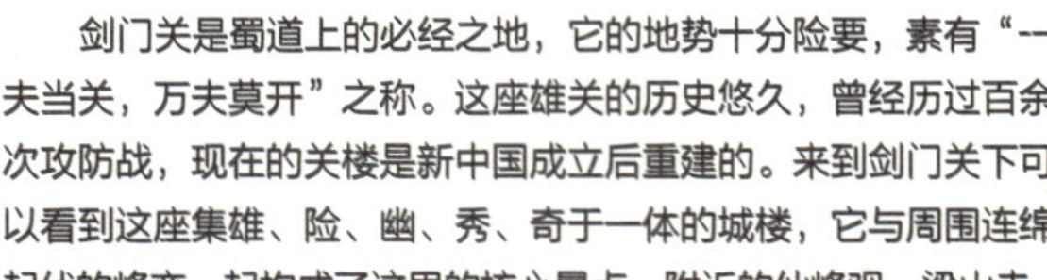

剑门关是蜀道上的必经之地，它的地势十分险要，素有“一夫当关，万夫莫开”之称。这座雄关的历史悠久，曾经历过百余次攻防战，现在的关楼是新中国成立后重建的。来到剑门关下可以看到这座集雄、险、幽、秀、奇于一体的城楼，它与周围连绵起伏的峰峦一起构成了这里的核心景点，附近的仙峰观、梁山寺、翠屏峰、经皇洞等景点也各有其独特的魅力。

Tips

四川省广元市剑阁县 广元汽车站乘班车在剑门关风景区下 ¥30元

04 昭化古城

位于三江交汇处的历史名城

逛 ★★★★★

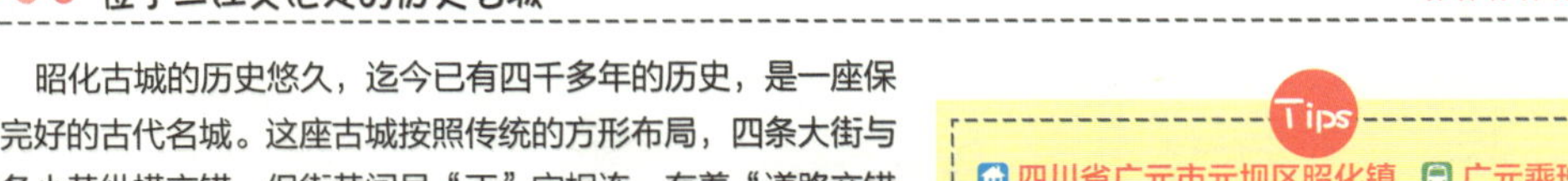

昭化古城的历史悠久，迄今已有四千多年的历史，是一座保存完好的古代名城。这座古城按照传统的方形布局，四条大街与五条小巷纵横交错，但街巷间呈“丁”字相连，有着“道路交错相通，城门不相对”的军事防御特色。漫步在城内的青石板路上可以看到鳞次栉比的明清房屋，城外则有著名古迹鲍三娘墓。

Tips

四川省广元市元坝区昭化镇　广元乘班车在昭化下　¥58元

05 皇泽寺

祭祀女皇武则天的寺庙

Tips

四川省广元市城西嘉陵江西岸乌龙山脚 乘6路公交车在泽天加油站下 0839-3607014 ¥25元

皇泽寺是一座历史悠久的寺庙，它的独特之处在于它是女皇武则天的唯一一座祀庙，因此成了全国重点文物保护单位。这座寺庙的造型古朴典雅，里面的建筑雕梁画栋，极为精美。二圣殿是这里的核心景点，里面供奉的是唐高宗李治和武则天夫妇，两侧还有多位名臣的塑像。皇泽寺内还有1000多尊摩崖造像石刻和石碑可供参观。

06 明月峡栈道

位于嘉陵江上的蜿蜒栈道

Tips

四川省广元市朝天区 0839-8622065

¥15元

明月峡栈道始建于先秦时期，历代多有修缮，在民国之前一直是从陕西入川的必经之地。这是一条蜿蜒狭窄的道路，它悬空在波涛滚滚的嘉陵江上，依偎着山崖，四周地势极为险要。来到景区内可以看到连绵起伏的山峦和各种奇石怪岩，其中最著名的当属四座酷似唐僧师徒的巨石。这里还有历代的石碑、石刻等。

07 千佛崖

75分!

规模庞大的石窟造像群

赏

千佛崖是四川最大的石窟群，它始建于南北朝时期，千百年来一直不停地修葺建造，除在民国时被毁坏的部分外，尚保存有龛窟400多座。漫步在石窟内可以看到不同时代的石刻雕像，它们的神情姿态各不相同，都是精美的艺术作品。这里的著名景点当属巨大的弥勒佛立像，它的两侧则是李治、武则天夫妇的塑像。

Tips

四川省广元市利州区 乘7路公共汽车可到 ¥30元

四川
攻略HOW

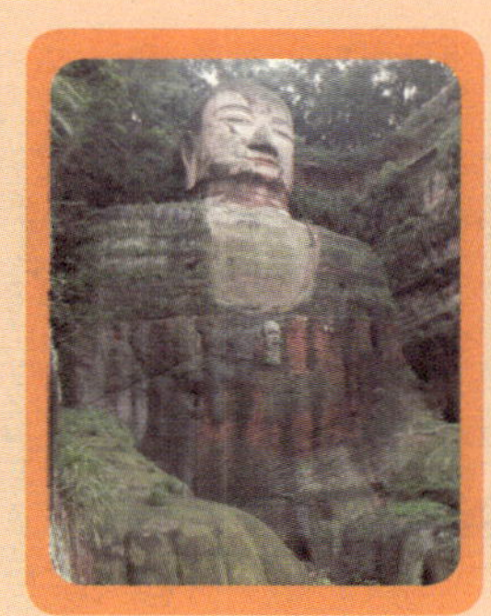

Part.18

乐山大佛&峨眉山

乐山大佛依山而凿，又被称为凌云大佛，佛像高71米，是世界上最高的大佛像，素有“佛是一座山，山是一尊佛”之称。峨眉山由大峨山、二峨山、三峨山、四峨山组成，相传曾经是普贤菩萨修行的道场，与五台山、普陀山、九华山并称中国四大佛教名山。

乐山大佛峨眉山特别看点！

第1名！乐山大佛！

100分！

★最大、最精致的弥勒佛坐像，“佛是一座山，山是一尊佛”！

第2名！峨眉金顶！

90分！

★峨眉山佛教文化的精华，欣赏云海、日出、佛光、圣灯四大奇观！

第3名！夹江千佛岩！

75分！

★唐代石刻造像，欣赏中国古代高超的石刻技艺！

01 峨眉山

云雾缥缈的天府佛国

★★★★★ 赏

Tips

四川省峨眉山市 成都新南门旅游汽车站和成都火车站广场乘班车在峨眉山客运中心下 0833-5090053 ¥120元

峨眉山由大峨山、二峨山、三峨山、四峨山组成，其中以大峨山为主峰，也就是一般所说的峨眉山。相传峨眉山曾经是普贤菩萨修行的道场，秀美山色和神话般的佛国仙境构成了峨眉独有的“仙界风光”，与五台山、普陀山、九华山并称中国四大佛教名山。

峨眉山素有“峨眉天下秀”的美称，日出、云海、佛光、圣灯并称峨眉四大绝景，唐代诗人李白就曾经写下了“蜀国多仙山，峨眉邈难匹”的诗句赞颂峨眉山。如果游人登上金顶，俯瞰四周茫茫云海，并能有幸亲眼目睹峨眉日出、佛光和圣灯等奇观，绝对是令人终生难忘的回忆。

必玩01 峨眉金顶 90分!

峨眉山佛教文化的精华

海拔3079米的金顶是峨眉山主峰，以云海、日出、佛光、圣灯四大奇观而闻名。位于金顶上的十方普贤殿供奉有世界上最大、最高的普贤佛像，是峨眉山佛教文化的精华所在。

必玩02 万年寺

古代建筑史的奇迹

始建于东晋的万年寺原名普贤寺，明代万历二十九年（1601年）更名为圣寿万年寺。寺内的无梁殿整座建筑都用砖砌成，以通体无梁而得名，建成至今已有400余年，历经多次地震从未受损，堪称中国古代建筑史的奇迹。

必玩03 伏虎寺

峨眉山第一大寺

始建于唐代、有“密林隐伏虎”之称的伏虎寺是峨眉山第一大寺，它极富传奇色彩。据说寺院屋顶从来一尘不染，周围落叶也不会落在屋瓦上，康熙皇帝还曾亲笔题写“离垢园”的匾额。寺内大殿外的华严宝塔亭内立有高5.8米的紫铜古塔，塔身铸造有4700余尊佛像，还有《华严经》经文。此外，抗日战争时期，为躲避日军轰炸，四川大学的文学院和法学院也曾迁入寺中。

02 乐山大佛 100分!

最大、最精致的弥勒佛坐像

Tips

四川省乐山市市中区蓖子街花湖湾 成都新南门旅游汽车站乘班车在乐山下 ¥90元

乐山大佛依山而凿，又被称为凌云大佛。根据史料记载，乐山大佛开凿于唐玄宗开元年间，历时90余年才最终完工，佛像高71米，是世界上最高的大佛像。素有“佛是一座山，山是一尊佛”之称的乐山大佛宝相庄严，不同于一般常见的弥勒佛笑口常开、大肚能容的形象，而是正襟危坐，远远望去，佛像与背后的凌云山栖霞峰等高，不知是佛靠在山上，还是山倚在佛旁。游人沿着大佛左侧的凌云栈道，可以走到大佛的底部仰望大佛，或是顺着右侧的九曲古栈道一路登上佛像头部右侧的凌云山顶，既可以一览佛像前岷江、大渡河、青衣江三江汇流的壮观景致，也可近距离观赏大佛头部，或是前往附近建于唐代的凌云寺参观。

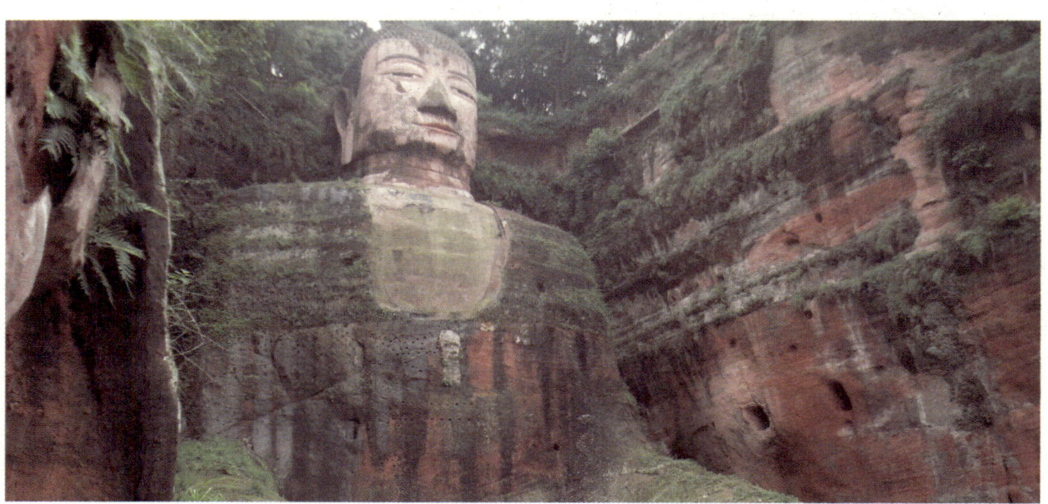

必玩01 乌尤寺

国内保存最完整的寺院之一

与凌云山相对的乌尤山因山形似乌牛而得名，位于乌尤山顶的乌尤寺建于唐代，最初名为正觉寺，北宋年间更名为乌尤寺。寺内建筑依山势而建，在大雄宝殿内供奉有释迦牟尼、文殊和普贤，三尊佛像皆由香樟木雕刻而成，具有唐代典型塑像风格，是国内保存最完整的寺院之一。

必玩02 凌云寺

建于唐代的大佛寺

建于唐代的凌云寺位于乐山大佛的头部右侧，又被称为大佛寺。寺内建筑分为天王殿、大雄宝殿和藏经楼三大建筑群，现已改为“乐山大佛陈列馆”，馆内陈列有大量图片与实物，展示出乐山大佛的瑰宝价值。此外，在天王殿外还栽植有数株参天古树，与寺院本身同样历史悠久。

03 石溪镇小火车

乘坐复古的蒸汽火车

石溪镇地处岷江江畔，这里有一条修建于20世纪50年代、用于附近工厂运煤的全蒸汽机车铁路，由于这条铁路的轨距比普通火车窄，因而又被称为“小火车”。这条铁路作为半个多世纪前旧工业时代的产物，当时为了方便工人进出加挂了客车车厢，现今则成为喜欢蒸汽火车的怀旧游客们竞相体验的热门景观。石溪镇小火车铁路全长20公里，沿途共设有8个车站，经过6处隧道，乘客坐在车厢内可以观赏窗外经过的山寨、古桥和峡谷等，堪称一次复古的火车之旅。

Tips
四川省乐山市犍为县石溪镇 乐山汽车联运站乘班车在石溪镇下 ¥15元

04 西坝古镇

历史悠久的西坝水码头

★★★★ 逛

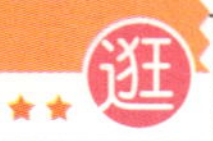

自古就是川南丝绸之路上重要驿站的西坝古镇，又被称为“西坝水码头”，这座古镇早在公元前就已建成，迄今已有2000余年的悠久历史。明清年间，西坝古镇成为儒释道三教的圣地，镇内1500米长的青石板路面至今仍然保存完好，沿街的上万间明清古建筑雕梁画栋，经历了数百年风吹雨打，此外还有南华宫和川主庙等历史人文景点。

Tips
四川省乐山市西坝镇 乐山汽车联运站乘班车在西坝镇下 0833-3301230

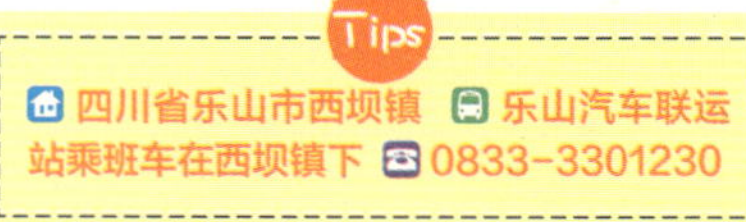

西坝古镇的特产有豆腐、生姜、米酒三绝，著名的西坝豆腐宴可以用豆腐做出上百种味美可口的菜肴，令人眼花缭乱，胃口大开。西坝的米酒喝起来感觉很舒服，而且不易喝醉，和当地出产的生姜一样远近闻名。

05 夹江千佛岩

75分!

唐代石刻造像

★★★★★ 赏

有着千年历史的古城夹江因其两山夹一江的独特景致而闻名，青衣江畔的山岩上林立着160多个石窟，共有2400多尊开凿于隋唐两代的精美造像。这些造像技艺精湛，姿态各异，展示了中国古代高超的石刻艺术。

Tips
四川省乐山市夹江县城西3公里 成都新南门旅游集散中心乘班车在夹江换乘当地公共汽车在千佛岩站下 0833-5662378 ¥7元

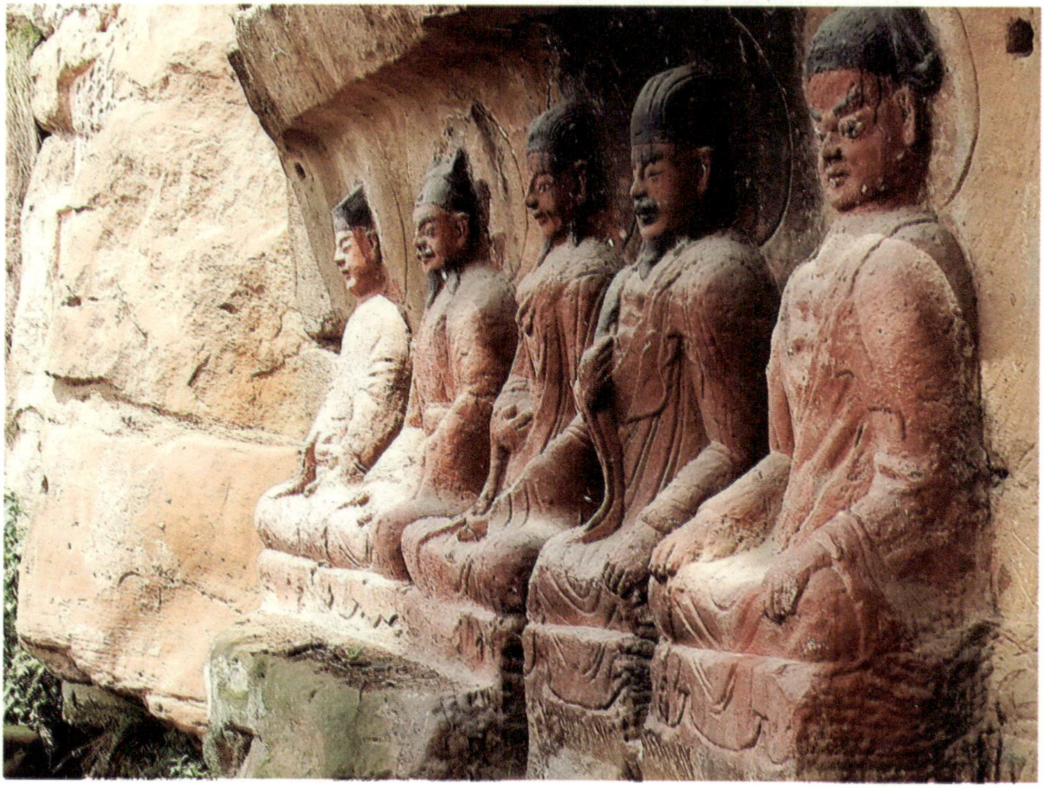

06 罗城古镇

中国的诺亚方舟

★★★★ 逛

Tips

四川省乐山市犍为县罗城镇 乐山汽车联运站乘班车在罗城镇下

始建于明代崇祯年间的罗城古镇结构精巧，整座古镇仿佛一条大船。全长209米、南北宽9.5米的镇内主街凉厅街俗称“船形街”，是这艘大船的甲板，整条街坐落在一个椭圆形的山丘上面。沿街两侧全是木质结构的长排旧瓦房，戏楼是船舱，廊檐是船舷，灵官庙则是船头，一同组成了这座外观独特的“船城”。民间对其向来有“山顶一只船”“中国诺亚方舟”之称。

07 眉山三苏祠

纪念苏氏父子的祠堂

★★★★ 赏

位于青衣江畔的三苏祠相传曾经是苏氏父子的住宅，后人为纪念苏洵、苏轼、苏辙父子三人而在明代洪武年间将其改建为祠堂，祠堂内殿宇恢弘，有启贤堂、瑞莲亭和洗砚池等建筑。此外，三苏祠内还设有陈列馆，展出了自宋代以来各种版本的三苏作品，碑亭内还有众多古碑陈列。

Tips

四川省眉山市东坡区纱縠行南段118号 成都新南门旅游集散中心乘班车在眉山下 0833-8221651 ¥5元

四川
攻略HOW

Part.19 稻城亚丁

被誉为“蓝色星球上最后一片净土”的稻城亚丁以其最纯真的自然美景吸引了无数游人慕名而来，神圣的雪山、幽深的湖泊、潺潺流淌的小溪和蓝天白云，如画般一尘不染，拥有惊世的风光。

稻城亚丁 特别看点！

第1名！ 亚丁自然保护区！

100分！

★风景秀美的自然保护区，蓝色星球上最后的净土！

第2名！ 海子山！

90分！

★古代冰川的遗迹，星罗棋布的湖泊风光！

第3名！ 冲古寺！

75分！

★雪山下的古老寺庙，历史悠久的高原名寺！

01 亚丁自然保护区 100分！

风景秀美的自然保护区

★★★★★ 赏

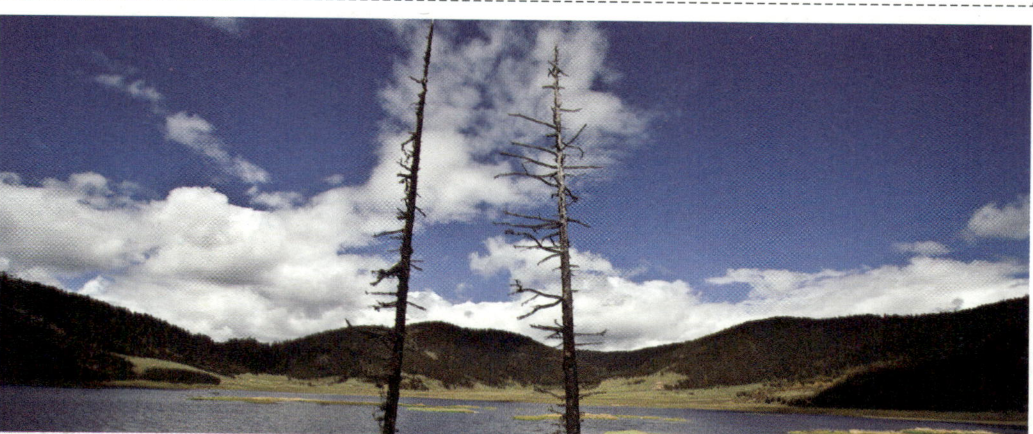

亚丁自然保护区是著名的雪山风景区，一座座高大挺拔的雪峰连绵不绝，令人惊叹不已。这里景色秀美，既有绿草如茵的山坡，也有茫茫的林海，鲜艳的花朵盛开其间，各种野生动物的身影也经常出现。此外，亚丁自然保护区内有庞大的古冰川遗迹，其附近还有多种冰蚀地貌景观，西落牛场和冲古寺也是各有特色的景点。

Tips
四川省甘孜藏族自治州稻城县 稻城县包车可到 ¥150元

02 仙乃日

藏族聚居区的十大名山之一

赏 ★★★★★

仙乃日是一座海拔6032米、高大俊秀的山峰，其名称在藏语里是观世音菩萨的意思。这座山峰的独特之处是它那环形冰斗下斜的形态，即使从侧面观看，也能看到山峰的正面景观。前往攀登仙乃日峰途中，能够看到云雾缭绕的雪山、清澈透明的冰湖、造型各异的奇石和一望无际的高原草场等景观。

Tips
四川省甘孜藏族自治州稻城县
稻城县包车可到 ¥150元

03 冲古寺

雪山下的古老寺庙

冲古寺是雪域高原上的名寺，它的历史悠久，并有动人的神话故事流传。这座寺庙位于仙乃日、央迈勇、夏诺多吉这三座雪峰之间，在这里游人能够看到这三座高大挺拔的山峰全貌。冲古寺的建筑朴实无华，四周环境清幽，能够给人带来安宁祥和的感觉。来到这里还能够看到由白石构成的玛尼堆和一段长墙残骸。

Tips

四川省甘孜藏族自治州稻城县

稻城县包车可到

04 茹布查卡温泉

流传着神话传说的藏族聚居区温泉

娱

茹布查卡温泉是藏区的名景之一，自古以来就是著名的休闲疗养场所，现在则是富有康巴特色的度假村。这里的温泉水温度为70℃~80℃，水质洁净，可以直接饮用，并含有大量的矿物质，有着强身健体的效果。在茹布查卡温泉度假村，游人们不仅可以欣赏到雪域高原的壮美风情，还能观看极具特色的民族舞蹈。

Tips

四川省甘孜藏族自治州稻城县贡巴山北麓

稻城县包车可到

05 著杰寺

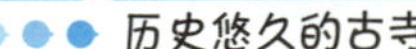

历史悠久的古寺

赏 ★★★★

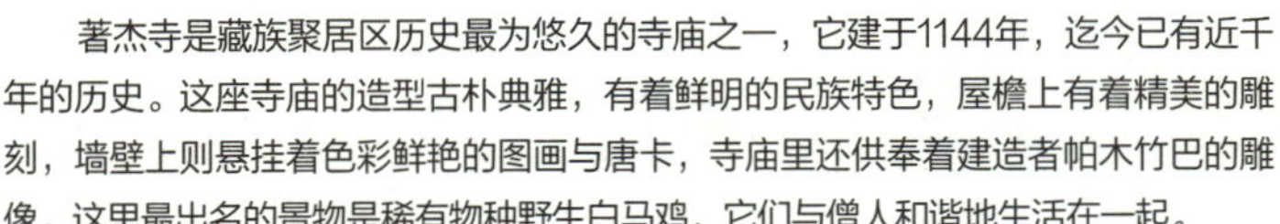

著杰寺是藏族聚居区历史最为悠久的寺庙之一，它建于1144年，迄今已有近千年的历史。这座寺庙的造型古朴典雅，有着鲜明的民族特色，屋檐上有着精美的雕刻，墙壁上则悬挂着色彩鲜艳的图画与唐卡，寺庙里还供奉着建造者帕木竹巴的雕像。这里最出名的景物是稀有物种野生白马鸡，它们与僧人和谐地生活在一起。

Tips

四川省甘孜藏族自治州稻城县桑堆乡 稻城县包车可到

06 海子山

90分!

古代冰川的遗迹

赏 ★★★★★

海子山是著名的冰川残骸景区，除了拥有星罗棋布的湖泊外，还有众多的奇石怪岩，以塔公寺为代表的人文景点也极具魅力。这里的环境荒凉，杂草丛生，大大小小的花岗岩漂砾和形态各异的冰蚀岩盆景观是最常见的景物。漫步在景区内可以看到独特的古冰帽景观，各种奇异的冰蚀地貌景观也是应有尽有。

Tips

四川省甘孜藏族自治州稻城县
稻城县乘班车在海子山下

07 夏诺多吉

气势雄伟的雪山高峰

夏诺多吉的海拔为5958米，是亚丁景区内的第三高峰，但它却是群峰中最具气势的。这座山峰高大雄伟，三棱锥状的尖顶如同出现在碧空中的雷霆闪电。攀登夏诺多吉峰可以看到诸多由史前冰川所创造的景点，那些由嶙峋的怪石所组成的石林，就是其中之一。山下则有贡嘎银沟等景点。

Tips
四川省甘孜藏族自治州稻城县 冲古寺乘电动车可到

08 奔波寺

历史悠久的白教寺庙

奔波寺是由藏传佛教高僧噶玛巴·都松钦巴在南宋年间所建，是雪域高原上的名寺之一。这座寺庙的独特之处在于，它不设活佛转世制度，而且僧人们要参加种植、放牧等劳动。奔波寺附近的环境清幽，寺后山的崖壁上有许多僧人进行修行的洞穴，里面还有他们创作的精美图画，游客们会被这里的独特氛围所吸引。

Tips
四川省甘孜藏族自治州稻城县桑堆乡 稻城县包车可到 ¥10元

09 洛绒牛场

风景秀美的高山牧场

★★★★ 

Tips

四川省甘孜藏族自治州稻城县

稻城县包车可到

洛绒牛场附近的风景秀美，既有一望无际的高山草原，也有连绵不绝的苍茫林海，鲜艳的花朵在随风摆动，有种“风吹草低见牛羊”的诗情画意。漫步在牧场内能够看到潺潺的溪流和倒映着蓝天白云的湖泊，而古老的牧场木屋又给人带来温馨的感觉。这里还有神秘莫测的卡斯峡谷，那里雾气缭绕，嶙峋的怪石若隐若现。

四川
攻略HOW

Part.20 康定

因《康定情歌》而闻名的康定古城旧称“打箭炉”，这里是历史悠久的高原古城和茶马互市的重镇，同时以其富有民族风情的情歌而闻名。

康定 特别看点！

第1名！ 贡嘎山！

100分！

★蜀山之王，康定情歌的摇篮！

第2名！ 海螺沟！

90分！

★风景秀美的山林，休闲沐浴绝佳的雪山温泉！

第3名！ 泸定桥！

75分！

★中国最著名的铁索桥，惊险的清代古桥！

01 贡嘎山 100分！

●●● 蜀山之王 ★★★★★ 赏

贡嘎山的主峰高达7556米，是四川第一高峰，山顶终年积雪并云雾缭绕，远远望去秀美异常。贡嘎山以主峰为中心，四周有100多座积雪高山，它们彼此相连，形成的壮观景象令人惊叹不已。这里景点众多，既有木格错、五须海这些清澈的高原湖泊，也有海螺沟等风景名胜，藏、彝等少数民族的村寨也有着非凡的魅力。

必玩 康定情歌风景区

康定情歌的摇篮

康定情歌风景区景色秀美，那首脍炙人口的《康定情歌》就发源于此。这里既有绿草如茵、鲜花盛开的芳草坪，也有清澈透明的七色海，以及色彩斑斓的杜鹃峡，令人流连忘返。

02 海螺沟

90分!

风景秀美的山林

海螺沟是著名的自然风景区，位于贡嘎山的山脚处，拥有完好的原始森林生态环境。漫步在景区内能够看到各种不同的景观，其中包括晶莹的现代海洋性冰川，那壮丽的冰川瀑布令人感叹不已。这里还可以看到许多珍稀的动植物，那些雪山温泉则是人们休闲沐浴的好地方。

Tips

四川省甘孜藏族自治州泸定县磨西镇二坪子 泸定县乘班车在海螺沟磨西镇下 0836-3266205

03 新都桥

摄影家的天堂

新都桥是一个拥有着淳朴民风的小镇，民居建筑古朴典雅，生态环境保存完好。这里的独特之处在于丰富的色彩，远处是连绵不绝的冰雪山脉，近处则是绿草如茵的草原，一朵朵鲜艳的花朵点缀其间，高大挺拔的柏杨树有着金黄的树叶，这些丰富的色彩，给人带来诗情画意的享受。

Tips
四川省甘孜藏族自治州康定县新都桥镇 康定县乘班车在新都桥下

04 塔公草原

浓郁的藏乡风情

Tips
四川省甘孜藏族自治州康定县塔公村 康定乘班车在塔公下 ¥ 20元

塔公草原是康定藏族聚居区最著名的草原景区，这里既有秀美的自然景观，也有独特的人文风情。这里的草原一望无际，中间点缀着各种知名或不知名的鲜花，牛羊和其他野生动物在蓝天下漫步。塔公寺是这里最著名的景点，它是一座古朴典雅的建筑，汉藏结合的风格让它更具魅力，寺庙后方的塔林有着恢弘的气势。

05 泸定桥 75分!

中国最著名的铁索桥

Tips

四川省甘孜藏族自治州泸定县城西 0836-3125432

泸定桥是大渡河上的交通要道，它因红军长征时“飞夺泸定桥”而扬名天下。这座桥建于康熙年间，全长100余米，由13根铁索组成，上面铺设着木板，能给经过的游客带来惊险刺激的感觉。桥头有泸定桥革命文物博物馆，里面记录了此战的全过程，还展出了交战双方所使用的武器装备等物品。

06 木雅金塔

纪念十世班禅的佛塔

★★★★ 赏

Tips

四川省甘孜藏族自治州康定县215省道 康定乘班车在塔公下

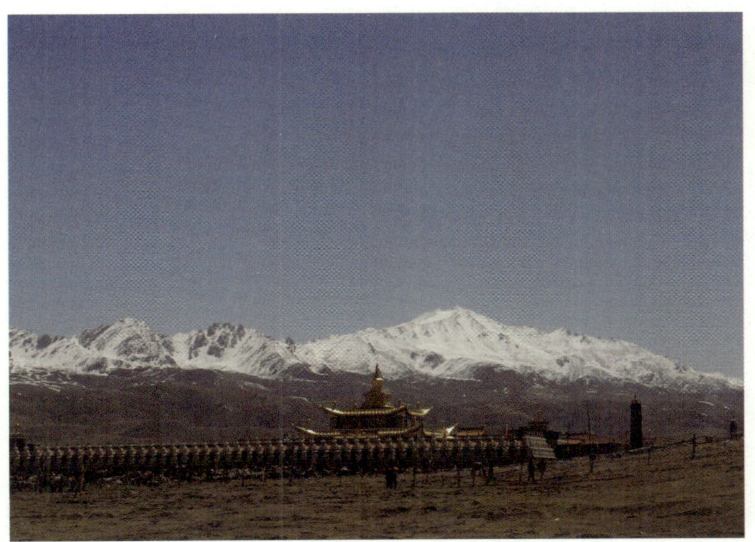

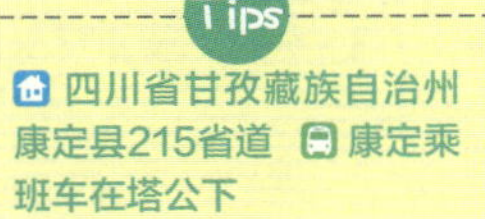

木雅金塔建于1997年，是一座具有纪念意义的藏传佛教寺庙。这座寺庙坐落在群山的包围之中，造型典雅大方，气势极为雄伟。木雅金塔的第一层供奉着释迦牟尼佛等佛像，第二层供奉的则是莲花生大师和密宗传承上师等高僧像，第三层是收藏各种经书的地方。这里的独特之处在于高塔的顶部是由黄金贴顶的。

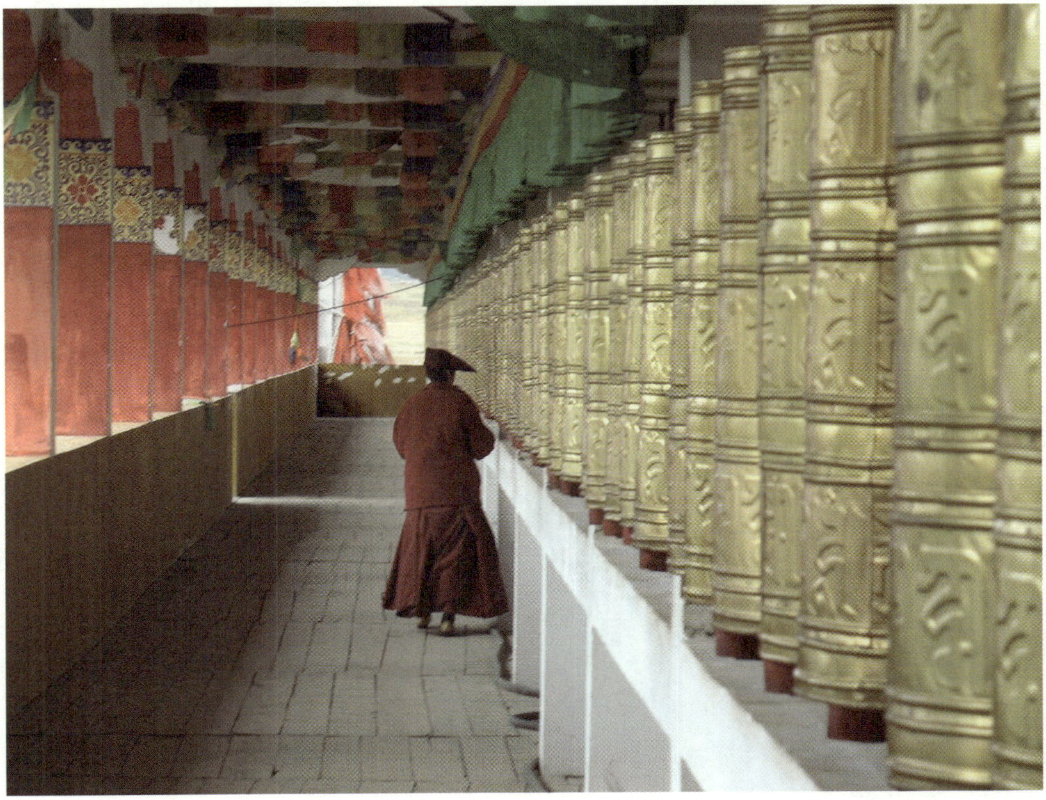

四川
攻略HOW

Part.21 四川其他

四川其他 特别看点！

第1名！ 广汉三星堆！

100分！

★我国最古老的文明遗迹，神秘的三星堆古遗迹！

第2名！ 阆中张飞庙！

90分！

★纪念张飞的祠堂，最负盛名的三国古迹之一！

第3名！ 梭坡古碉！

75分！

★“千碉之国”的壮美风光，独具特色的碉楼古迹！

01 广汉三星堆 100分！

我国最古老的文明遗迹

三星堆遗迹位于广汉城西，因三座拔地而起的黄土堆而得名。这里是我国最著名的古文化遗迹，其年代可以追溯到青铜时代。它上承古蜀宝墩文化，下启金沙文化，是我国早期长江上游地区文明的代表。自从被发现以来，研究人员在这里发掘出了大量青铜器、玉器、象牙、贝、陶器和金器等珍贵文物，还有原始的城郭遗迹，将我国的历史大大向前推进，成为我国现存最古老的文明遗迹之一。

Tips
四川省广汉市南兴镇真武村 成都新南门旅游集散地和城北客运中心乘班车在三星堆景区下 0838-5500349 ¥80元

02 丹巴甲居藏寨

宛如画卷的藏寨

丹巴甲居藏寨就位于有“大渡河畔第一城”之称的丹巴章谷镇。这里是藏族群众聚居的集落，拥有200多座颇具传统藏族风情的建筑。这些藏居依山而建，一户人家住一幢寨楼，大多坐北朝南，阳光充足。同时这些建筑外观上极具民族特色，无论是颜色还是造型都和日常所见的别处民居完全不同，并且和周围的群山、绿树、农田等和谐地融合在一起，构成一幅美妙的农家画卷。

Tips
四川省甘孜藏族自治州丹巴县 丹巴县包车可到 ¥30元

03 梭坡古碉

75分!

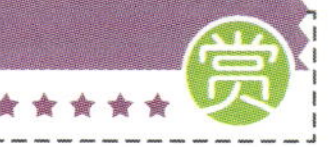

"千碉之国"的壮美风光

赏 ★★★★★

丹巴以碉楼众多而闻名，其中尤以梭坡镇的古碉楼群最为著名。"梭坡"藏语意为"蒙古族"，据说古时曾有大批蒙古人在此放牧，故而得名。梭坡现存大小碉楼84座，它们大多临水依山而建，或三五成群，或独自矗立，蔚为大观。这些碉楼外形有四角形、五角形、六角形、八角形等多种形状，高度也各不相同，而且根据作用的不同内部结构也大相径庭。可以说每一座碉楼都各有特色，让人百看不厌。

Tips
四川省甘孜藏族自治州丹巴县城南 巴县包车可到 ¥15元

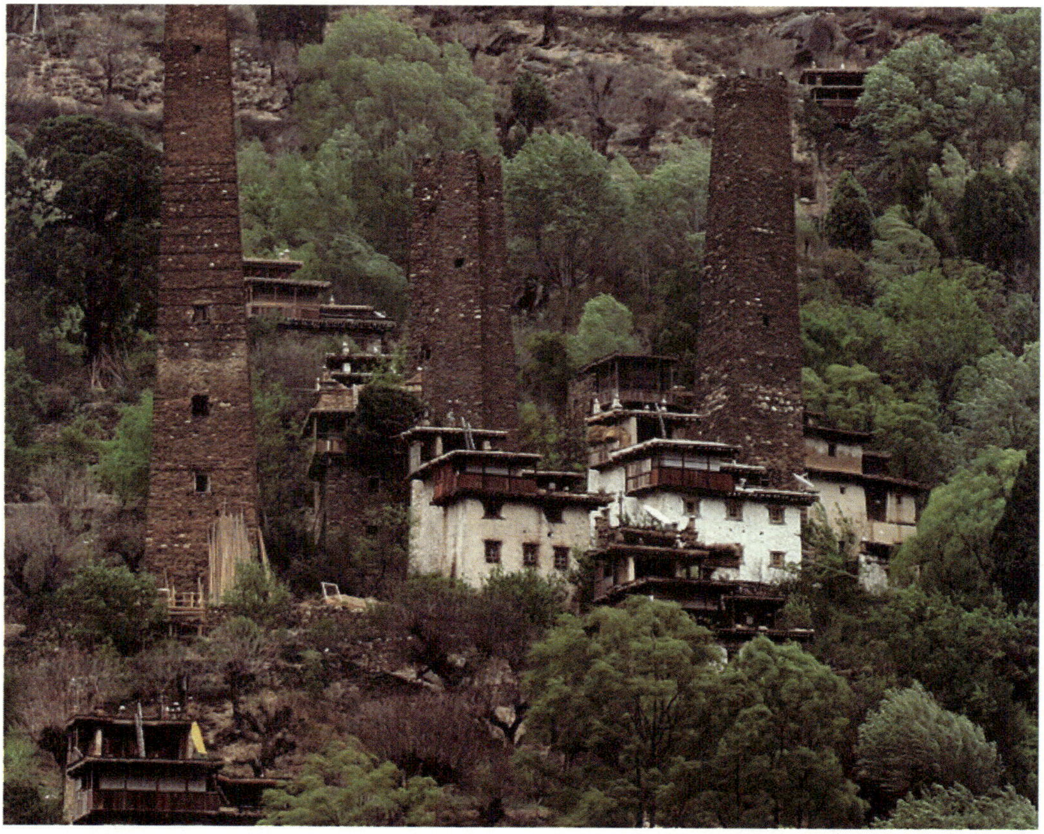

04 金凤山公园

颇具文化气质和历史底蕴的公园

玩 ★★★★

金凤山公园位于雅安市郊，公园中最主要的景点当属金凤寺和高颐墓。其中金凤寺建于唐朝，后于明清两朝扩建。这座千年古刹居于苍翠山林之间，各个殿宇气势宏伟，内藏有丰富的宗教收藏，是集艺术和宗教内涵于一身的古代寺庙典范。而高颐墓则建于汉代，高大的墓阙和一座座宏伟的石兽将汉朝的建筑风格尽显无遗，是当代汉阙中保存最为完好的一处。

Tips
四川省雅安市雨城区沙湾路

05 阆中张飞庙

90分!

纪念张飞的祠堂

★★★★★

四川省阆中市古城区西街 ¥80元

阆中张飞庙也称桓侯祠，是纪念三国时期蜀国名将张飞的祠堂。因张飞当年长期驻守在阆中，最后被部将背叛杀害，人们此后便在这里设祠纪念。如今的张飞庙是一座四合院式的建筑，各建筑沿中轴线分布，分为山门、敌万楼及左右牌坊、大殿、后殿、墓亭及张飞墓等部分。其中张飞墓正是张飞死后的埋骨之所，四周遍植松柏，一年四季常青，是人们郊游踏青的好地方。

06 攀枝花长江国际漂流基地

感受漂流长江的刺激

★★★★

Tips

四川省攀枝花市西区格里坪 ☎ 0812-5501278

攀枝花位于金沙江畔，是万里长江第一漂的起点，人们因地制宜，开辟了漂流长江的项目。这一段长江水域水流较缓，而且水情不太复杂，很适合普通人的漂流活动。同时，大江两岸风光优美，要经过神奇的攀西大裂谷，这里地形地貌变化万千，十分壮观。人们在这里既能感受到漂流活动的惊险刺激，也能一览四周宜人的风景，可谓一举两得。

07 苏铁林

巴蜀三绝之一

★★★

Tips

四川省攀枝花市西区 乘32路公共汽车在河门口站下

苏铁也称铁树，是一种拥有2亿多年历史的古老原始植物，因为它外表漆黑，坚硬如铁，所以有了铁树之名。在攀枝花就拥有世界上规模最大的苏铁林，这片林子共有苏铁树10万多株。不过攀枝花的苏铁最神奇之处还在于它年年开花，和平时人们说的“铁树开花”难得一见的场景完全不同。每年春季，在黑色树体上都能见到点点黄花，分外好看。因此攀枝花苏铁和自贡恐龙、平武大熊猫一起被称做“巴蜀三绝”。

08 雅安上里古镇

宁静幽雅的古镇

★★★★★

Tips

四川省雅安雨城区上里镇 雅安市北二路雅安汽车南站乘白色小面包在上里下

上里古镇位于雅安北部，居于四县交界之处，是四川省十大古镇之一。这里是南方丝绸之路上的重要据点，曾经是商贾云集之地。如今这里依然保持着相对传统的风貌，石板铺就的小路两侧都是造型优美的木质阁楼，青瓦飞檐形态优美，木质的门窗上都有精细的浮雕，每一座建筑都像一件工艺品，让人不禁对这座千年古镇的历史神往不已。

09 丹巴美人谷

专门诞生美女的地方

丹巴美人谷位于丹巴的巴底乡邛山村，传说这里是专出美人的地方，因此吸引了无数游客纷至沓来。但更吸引人的其实是这里迷人的自然风光，无论是建筑在山坡上的漂亮藏寨，或是沿着山坡蜿蜒而上的梯田，都像是画中美景一样。到了春季，四处碧绿的青草和盛开的小野花更是让人心动不已，这恬静的田园氛围可是在别处体会不到的。

Tips

四川省甘孜藏族自治州丹巴县巴底乡邛山村 丹巴县城包车到巴底乡后步行可到

10 广安沿口古镇

逛

嘉陵江畔的繁华古镇

广安沿口古镇是昔日嘉陵江上的重要码头之一，位于交通要道，一度是繁华的商业中心。这座古镇上的房屋大都是明清时期所建，造型典雅大方，有着古朴的韵味。漫步在古镇的街道上，能够感受到这里的寂静氛围，而一座座旧时店铺，又让人不禁想起这里曾拥有过的繁华景象。此外，这里还是回民聚居的地方，很多建筑都带有宗教色彩。

Tips

四川省广安市武胜县沿口镇

11 华蓥山大峡谷

独特的天坑地缝风景区 ★★★★

华蓥山大峡谷以雄奇著称，它是由地壳运动和喀斯特地质相互作用下形成的地质奇观。漫步在景区内可以看到大小不一的各种瀑布，还有造型各异的奇妙石块和破壁而出的清泉，游人们还能前往神秘莫测的溶洞内探险。华蓥山大峡谷还是著名的华蓥山游击队战斗过的地方，游人们在这里能找寻到革命战士所留下的遗迹。

Tips

四川省广安市邻水县 广安火车站乘车在邻水下
0826-7510022 ¥30元

12 礼州古镇

古代巴蜀交通要道上的重镇 ★★★★ 逛

礼州古镇是四川的历史文化名镇，至今仍保持着古朴的生活气息。这里的老建筑保存得很好，镇内的民居、院落、寺庙、官署的外形没有什么改变，城镇里充满宁静祥和的氛围。古镇有四大城门，它们是小镇的象征，也是历史的忠实记录者。这里还是工农红军长征时经过的地方，著名的礼州会议就是在这里召开的。

Tips

四川省凉山彝族自治州西昌市礼州镇 西昌大巷口刘伯承塑像处乘班车在礼州镇下

13 神龙山巴人古堡

古代巴国的遗迹

神龙山巴人古堡是根据古巴国残留的遗迹复原而成的，它位于广安市郊的山丘上，扼守着川陕之间的道路。这是一座军事要塞，由石块构成，气势极为雄伟。古堡所在的山林景色秀美，花草繁茂，东山栖蝉、南峰凤舞等古盘龙八景更是让人赞叹不已，而土舟湖“中国天象28[illegible]演绎场”则是感受传统文化的好地方。来到这里，游人还能参观巴文化展示廊、古堡城楼等景观。

14 邓小平故居

一代伟人的故居

邓小平故居是这位改革开放的总设计师度过人生最初15年时光的地方，也是邓氏家族的三代祖居。故居的外观仍保持着原有的古朴风貌，房屋内的许多物品都是珍贵的文物。这里还辟有多个展览室，分为八个主题，介绍了这位伟人的人生历程和历史功绩。这座房屋是典型的三合院建筑，四周环境清幽，拥有浓郁的蜀乡风情。

Tips
四川省广安市协兴镇牌坊村 0826-2412033

15 邛海风景区

川中第一湖

邛海风景区是四川的名景之一，它是四川独自拥有的第一大湖，附近景色秀美，常令人流连忘返。景区内山清水秀，湖畔绿树成荫，湖中鱼虾成群。游人们在这里可以泛舟邛海欣赏泸山的秀美景色，也能在山顶俯瞰四周的大好河山。这附近还有以光福寺、蒙段祠为代表的人文景点，凉山彝族奴隶社会博物馆则是了解少数民族历史和习俗的好地方。

四川省凉山彝族自治州西昌市 乘14、17、22路公交车在邛海公园站或泸山风景区站下

16 木里王国

大山深处的世外桃源

木里王国是一个保持着古朴风貌的景区，其山峰高大俊秀，林海苍茫，溪流交错纵横，素有世外桃源的美誉。这里与世隔绝，游人们可以看到漫山遍野的杜鹃花海和清澈见底的高山湖泊。木里王国内野生动植物资源丰富，还有一线天等自然奇景。这里还有被称为明代遗民的汉族村落，较好地保存了明朝晚期的生活习俗。

Tips

四川省凉山彝族自治州木里藏族自治县 西昌汽车站乘班车在木里下

17 西昌卫星发射中心

现代文明的象征

★★★★★ 

Tips

四川省西昌市辖区航天北路1号 西昌市内包车可到 0834-3221165 ¥56元

西昌卫星发射中心是巴蜀地区最著名的现代旅游景点之一，来到这里的人们能够感受到工业文明所带来的雄壮美感。游人们在非发射日可以靠近发射架参观，还能看到巨大的长征三号火箭的实体。发射指挥控制大厅、卫星发射及控制中心这两处景点是让普通民众与航天事业近距离接触的地方。在发射日，游客还能近距离观看火箭升空的盛况。

索引
INDEX
四川攻略
皮影表演

Q

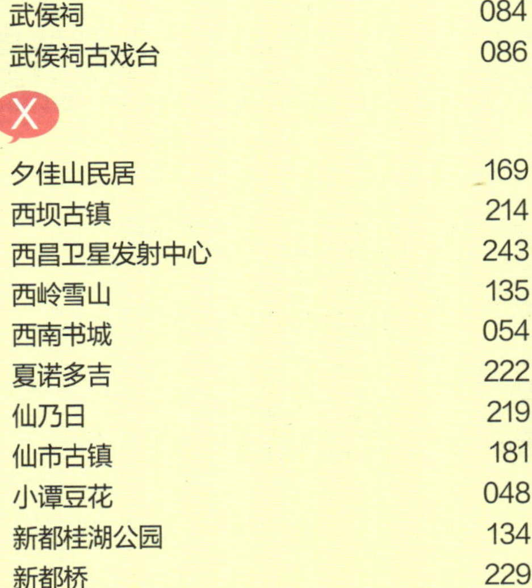

X

Y

Z

考拉旅行书目，带您乐游全球！

畅游系列！

图书在版编目（CIP）数据
四川攻略 /《四川攻略》编辑部编著. -- 北京：华夏出版社，2020. 3
ISBN 978-7-5080-9610-0
Ⅰ. ①四… Ⅱ. ①四… Ⅲ. ①旅游指南－四川 Ⅳ. ① K928.971
中国版本图书馆 CIP 数据核字（2018）第 280657 号

四川攻略

作　　者　《四川攻略》编辑部
责任编辑　杨小英
责任印制　刘　洋

出版发行　华夏出版社
经　　销　新华书店
印　　装　北京华宇信诺印刷有限公司
版　　次　2020年3月北京第1版　2020年3月北京第1次印刷
开　　本　720×920　1/16开
印　　张　16
字　　数　200千字
定　　价　58.00元

华夏出版社　网址：www.hxph.com.cn　地址：北京市东直门外香河园北里4号　邮编：100028
若发现本版图书有印装质量问题，请与我社营销中心联系调换。　电话：（010）64663331（转）